40
DIAS PELA
BÍBLIA

LYSA TERKEURST
e o MINISTÉRIO PROVÉRBIOS 31

40 DIAS PELA BÍBLIA

ENCONTRE RESPOSTAS PARA OS SEUS MAIS PROFUNDOS ANSEIOS

THOMAS NELSON BRASIL®

As citações bíblicas são da Nova Versão Internacional (NVI), da Bíblica, Inc., a menos que seja especificada uma outra versão da Bíblia Sagrada.

PRODUÇÃO EDITORIAL Gisele Romão da Cruz
TRADUÇÃO Maria Emília de Oliveira
COPIDESQUE Josemar de Souza Pinto
REVISÃO Emanuelle G. Malecka
DESIGN DE CAPA Débora Grazola
DIAGRAMAÇÃO Patrícia Lino

Dados Internacionais de Catalogação na Publicação (CIP)
(BENITEZ Catalogação Ass. Editorial, MS, Brasil)

T295q
1. ed. TerKeurst, Lysa
40 dias pela Bíblia / Lysa Terkeurst ; tradução Maria Emília de Oliveira. – 1.ed. – Rio de Janeiro : Thomas Nelson Brasil, 2024.

208 p. ; 18,4 x 22,8 cm.

Título original: 40 Days through the Bible: the Answers to Your Deepest Longings

ISBN 978-65-5689-921-3

1. Bíblia – Meditações – Cristianismo. 2. Devoções diárias – Cristianismo. 3. Escrituras cristãs. 4. Literatura devocional. I. Oliveira, Maria Emília de. II. Título.

08-2024/133 CDD-242.2

Índice para catálogo sistemático:
1. Literatura devocional : Cristianismo 242.2

Bibliotecária responsável:
Aline Graziele Benitez – Bibliotecária - CRB-1/3129

Os pontos de vista desta obra são de responsabilidade de seus autores e colaboradores diretos, não refletindo necessariamente a posição da Thomas Nelson Brasil, da HarperCollins Christian Publishing ou de suas equipes editoriais.

Rua da Quitanda, 86, sala 601A - Centro,
Rio de Janeiro/RJ - CEP 20091-005
Tel.: (21) 3175-1030
www.thomasnelson.com.br

Printed in China

Conteúdo

Lysa TerKeurst
Presidente

Joel Muddamalle
Diretor de pesquisas teológicas

Eric Gagnon
Gerente de conteúdo teológico do First 5

Wendy Blight
Especialista em estudos da Bíblia on-line e conteúdo bíblico

Hannah Schindler
Coordenadora do Projeto First 5 Sênior

Design

Riley Moody
Gerente sênior de design gráfico

Agradecimentos

A equipe First 5[1] deseja agradecer às seguintes pessoas e equipes por nos apoiarem de várias maneiras:

A Eric Gagnon por seu conteúdo adicional teológico e inspiração de *designs*. À equipe executiva do Ministério Provérbios 31 composta por Lysa TerKeurst, Lisa Allen, Meredith Brock, Barb Spencer e Glynnis Whitwer por sua liderança, orientação e encorajamento.

À equipe de revisão das Escrituras pela dupla checagem de cada referência: Ana Brower, Hope Butler, Kelly Catlett, Anita Evans, Kami McKee, Sandra Ann, Sheila Wilson, AdeleAlys Spil, Jackie Bell, Maureen Baugh, Bethany Ruth, Sulette Versteegh.

Ao Grupo Focus pela revisão do conteúdo em suas fases iniciais e por seus valiosos *feedbacks*: Quantrilla Ard, Marissa Henley, Stacy Lowe, Nancy Voyles, Katrina Wylie.

sumário

Querida amiga,

Lembro-me do dia em que fechei os olhos enquanto lágrimas desciam pelo meu rosto e sussurrei: "Deus, leva embora este anseio de meu coração ou mostra-me tua resposta. Penso que não posso continuar aguardando aquilo que aparentemente não é mais possível."

Se você já fez uma oração semelhante, quero que saiba que não é a única. Expectativas e anseios não concretizados são penosos para o coração humano. Principalmente quando oramos por um bom motivo... um pedido razoável... algo como uma bênção que Deus concede aos outros.

É nesse exato ponto de desespero que nossa vida pode seguir uma das duas direções. Continuamos a insistir com Deus e aprendemos a confiar mais plenamente nele ou cedemos ao Inimigo e caímos em tentações que nos deixarão mais vazias ainda. Se o Inimigo é capaz de atrair nossa atenção com tentações que prometem falsamente aliviar o sofrimento em razão de um anseio não concretizado, ele pode começar a nos enganar com suas trapaças. Mas lembre-se: o maior objetivo dele não é nos consolar... é nos aniquilar com suas acusações.

É assim que o Inimigo trabalha. ***Tentando. Enganando. Acusando.*** Ele usou esse método com Eva no jardim (Gênesis 3:6). Tentou usá-lo com Jesus no final de seu jejum de 40 dias no deserto (Mateus 4:1-11). E somos avisados sobre esse mesmo método quase no final da Bíblia, em 1João 2:15-17:

Não amem o mundo nem o que nele há. Se alguém ama o mundo, o amor do Pai não está nele. Pois tudo o que há no mundo — o desejo da carne, o desejo dos olhos e a arrogância da vida — não provém do Pai, mas do mundo. O mundo e os seus maus desejos passam, mas aquele que faz a vontade de Deus permanece para sempre.

O que essas palavras significam para nós hoje?

Desejo da carne

Deus não tem me concedido aquilo de que necessito. Preciso assumir as rédeas desta situação. Preciso manter o controle.

Desejo dos olhos

Deus não vai me conceder o que desejo. Não estou satisfeita com as coisas que Deus me tem dado.

Arrogância da vida/querer parecer importante

Deus não vai me conceder o que mereço. Vou agir por conta própria.

No entanto, o que nossa alma *realmente* anseia é mais de Deus. O melhor de Deus é a única fonte de verdadeira satisfação. Ele é a única resposta para cada um de nossos desejos. Ele tem todas as respostas para todas as nossas decepções e direciona nossos desejos de acordo com seu modo, com sua vontade e no seu tempo certo. Ele tem um plano bom para boas coisas.

É por isso que parece tão necessário fazermos este estudo juntas. Nos próximos 40 dias, vamos comemorar a mesma coisa que Jesus usou para derrotar o Inimigo no final de seus 40 dias de jejum — a Palavra de Deus. O diálogo de Eva com Satanás permitiu ao Inimigo tecer sua teia emaranhada de justificativas. Jesus, por outro lado, interrompeu as investidas de Satanás com a verdade de Deus.

Não temos de ser mantidas como reféns de Satanás, amiga. Estamos a par do que ele faz e de seus esquemas. E o poder do Inimigo não é nada quando comparado às promessas libertadoras de Deus.

Estamos juntas neste barco.

Anseios

LYSA TERKEURST

Você já desejou alguma coisa com tanta vontade que seu coração chegou a doer só em pensar nisso?

Quando estamos nessa situação, parece que a vida seria muito mais completa se conseguíssemos ter o que tanto desejamos. Chegamos a acreditar que isso vai nos trazer mais felicidade.

Mais contentamento...

Mais realização...

Mais satisfação...

Mais paz...

Com o tempo, começamos a viver pensando em *um dia* em vez de pensar no *hoje*.

Sinceramente, essa poderia ter sido uma perspectiva compreensível para o povo de Deus, que esperou milhares de anos para que a profecia do Messias se cumprisse. No decorrer do estudo da Bíblia que faremos juntas nos próximos 40 dias, será fácil para nós lê-la como se fosse um livro de história. Mas não podemos esquecer a angústia que o povo de Deus deve ter sentido. Às vezes, a espera pelo cumprimento das profecias deve ter sido insuportável. Eles esperaram. E esperaram um pouco mais. E esperaram um pouco mais ainda. Sabiam o que era sentir a dor do anseio por algo que ainda não havia acontecido.

01 **Para preparar seu coração para este estudo, identifique alguns de seus anseios. Pode ser o anseio para que suas circunstâncias mudem ou mesmo para que um relacionamento mude. Faça uma lista do que você espera e tem orado para que aconteça.**

Anseios são sentimentos complicados. São desejos com intensidade e motivação por trás deles. Consomem nossos pensamentos, nos deixam frustradas com os outros e até nos fazem questionar Deus.

Não estou dizendo que todos os anseios são negativos. Mas, como veremos em nosso estudo, se nos convencermos de que a única maneira de nos sentir melhor é conseguir o que queremos, nossos anseios podem ser mal direcionados. Acabamos por buscar coisas fora do que Deus tem de melhor para nós, coisas que prometem falsamente realização e satisfação, mas que só trazem mais confusão, mais escravidão a elas e mais armadilhas.

02 De que maneira os motivos prejudiciais que estimulam seus anseios podem causar problemas?

Nossos anseios produzem sofrimento dentro de nós, e o Inimigo gosta muito de usar isso para nos tentar a nos desviar de Deus e, em última análise, nos tornar introspectivas para satisfazer nossos anseios. A introspecção nos tenta a procurar coisas como comida, relacionamentos, dinheiro e sucesso para nossa satisfação. No entanto, essas coisas, desprovidas de Deus, nos deixam inquietas. Tiago escreveu: *"Cada um, porém, é tentado pelo seu próprio desejo, sendo por este arrastado e seduzido. Então, esse desejo, tendo sido concebido, dá à luz o pecado, e o pecado, uma vez consumado, gera a morte"* (1:14-15).

Agostinho, o estudioso, pastor, teólogo e pai da Igreja, disse: "Nosso coração fica inquieto enquanto não repousa em ti."[2] Há uma realidade espiritual e física em nosso anseio, e ela se apresenta no coração humano.

Fisicamente, nosso corpo anseia por alimento e água. Não demora muito para nos sentirmos desesperadas por ambos. E espiritualmente temos os mesmos anseios. Só que muitas de nós vivemos cronicamente desidratadas, à procura de motivos de satisfação que nunca deveriam ser satisfeitos.

Leia Amós 8:11-13 a seguir:

"Estão chegando os dias", declara o Soberano SENHOR, "em que enviarei fome a toda esta terra; não fome de comida nem sede de água, mas de ouvir as palavras do SENHOR. Os homens vaguearão de um mar a outro, do norte ao oriente, buscando a palavra do SENHOR, mas não a encontrarão. Naquele dia, as jovens belas e os rapazes fortes desmaiarão de sede."

03 Que tipo de fome Deus predisse? Como o povo reagirá?

Deus estava prometendo enviar uma inundação diferente de qualquer outra. Mas não seria uma sede de água física. Seria uma sede de *água viva*. A fonte de nossa água viva é Deus.

Lemos em Jeremias 2:13: "O meu povo cometeu dois crimes: eles me abandonaram, a mim, a fonte de água viva, e cavaram as suas próprias cisternas, cisternas rachadas que não retêm água." A palavra no original hebraico não é fonte; é nascente. Portanto, podemos ler o texto desta maneira: "O meu povo cometeu dois crimes: eles me abandonaram, a mim, a nascente de água viva [...]."

04 Quais são algumas cisternas rachadas às quais o povo está retornando no mundo atual? De acordo com a Bíblia, o que as cisternas rachadas não podem fazer?

Lembre-se do que acabamos de ler em Amós. Deus diz ao seu povo que chegará o dia em que eles sentirão sede. Sentirão sede, mas não a saciarão. Do que eles têm sede realmente? Da mesma coisa que nós.

Temos sede de Deus. Temos sede da água viva de Deus.

No entanto, em vez de ir à fonte verdadeira da vida, continuamos a cavar cisternas rachadas em busca de satisfação com substitutos poluídos. Continuamos a tentar satisfazer aquele anseio do fundo da alma que só Deus pode satisfazer. E creio que essa busca equivocada tem provocado uma fome total da Palavra de Deus em nosso país.

05 **Enquanto começamos este estudo juntas, identifique algumas coisas que você espera aprender ou experimentar. Escreva uma oração a Deus para que ele venha ao seu encontro e satisfaça o anseio de seu coração por ele.**

Vamos prestar atenção ao que estamos usando para tentar matar nossa sede. E depois vamos decidir recorrer a Deus e à sua Palavra — principalmente se continuarmos a beber de outras fontes que não sejam ele.

Em nossa viagem ao longo da Bíblia em 40 dias, encontramos profundamente enraizada nas frases, versículos, capítulos e livros da Escritura a realidade do anseio com muito mais detalhes específicos. Na verdade, o ser humano anseia por oito elementos que discutiremos a cada semana:

1ª semana: *Propósito*

2ª semana: *Liberdade*

3ª semana: *Segurança*

4ª semana: *Resgate*

5ª semana: *Redenção*

6ª semana: *Cumprimento de promessas*

7ª semana: *Identidade*

8ª semana: *Volta de Cristo*

As páginas da Escritura estão repletas de exemplos de frágeis tentativas humanas de encontrar satisfação na busca desses oito anseios. No estudo da Bíblia em 40 dias, veremos a devastação e a grande alegria que resultam do anseio.

Ah, amiga, nossa alma foi feita sob medida para encher-se de *Deus* e de *sua verdade*. Isso significa que nada mais será capaz de penetrar em cada parte de nós. Nada mais será capaz de nos revigorar, restaurar e transformar. Nada mais satisfará verdadeiramente a nossa alma.

anseio por propósito

1ª semana

JOEL MUDDAMALLE

Reserve um momento para lembrar-se da primeira vez que alguém lhe perguntou: "O que você quer ser quando crescer?"

Quantos anos você tem? Como respondeu a essa pergunta? Por que respondeu assim? A resposta está diretamente ligada ao modo pelo qual tentamos encontrar nosso lugar neste mundo. Quando imaginamos nosso lugar, entendemos nosso propósito. **Propósito**. Ansiamos por propósito porque Deus nos criou para um propósito. Envolta nesse propósito está a verdade bíblica de que nosso propósito inclui dignidade e destino.

Gênesis 1:26-27 nos lembra de que a humanidade é feita à semelhança e imagem de Deus. Por sua graça, Deus concedeu a seus filhos a marca de sua imagem. Essa imagem dá-nos um *status* que não pode ser tirado de nós e uma dignidade diferente de qualquer outra coisa criada. Com essa dignidade em mente, somos preparados para cumprir o propósito de Deus para nossa vida. Encontramos a primeira missão dada por Deus a Adão e Eva em Gênesis 1:28, onde Deus autoriza a humanidade a ter domínio sobre a terra e ordena-lhes que sejam férteis, multipliquem-se e encham a terra com seres humanos portadores da imagem de Deus. Aqui temos os fundamentos do propósito pretendido por Deus para a humanidade. Deus pretendia que fôssemos seus representantes fiéis e que espalhássemos sua glória desde o Éden até os confins da terra. Portanto, o propósito da humanidade está intrinsecamente ligado à obra e à vontade de Deus.

Em Gênesis 3, a Queda deturpa o propósito de Deus, mas não o destrói. Agora vivemos na tensão entre o propósito de Deus e o propósito do homem. Provérbios 19:21 registra não apenas a tensão, mas também os resultados: "*Muitos são os planos no coração do homem, mas o que prevalece é o propósito do Senhor.*" Uma das decisões mais importantes que devemos tomar — que não é definitiva, mas uma decisão contínua e intencional — é cumprir o propósito de Deus. O pecado nos tenta a seguir nossos pensamentos, intenções e anseios para cumprirmos propósitos por nós estipulados, e o fruto disso pode resultar tragicamente em idolatria.

Nesta semana, analisaremos o cruzamento do propósito de Deus com o propósito do homem, começando com Adão e Eva e terminando com Abraão. Entenderemos a grande bênção e alegria que resultam da obediência e submissão ao propósito de Deus. Entenderemos também a completa destruição que ocorre quando a humanidade tenta seguir seu próprio propósito, desprezando e rejeitando o propósito de Deus.

Criação

Deus, em sua graça, criou um mundo bom.

WENDY BLIGHT

LEITURA DE HOJE: GÊNESIS 1—2

Deus viu tudo o que havia feito e percebeu que tudo havia ficado muito bom [...].
GÊNESIS 1:31

No princípio, Deus criou os céus e a terra. Dia após dia, tudo o que Deus criou era bom. Deus falou e transformou o que era sem forma e vazio em luz e ordem. Não houve nenhum caos. Nenhum mal. Até as trevas da noite tinham um bom propósito: abençoar e sustentar a vida. Deus chamou sua obra criativa de "boa" em cada dia, exceto no sexto. Nesse dia, ele descreveu sua obra de modo diferente, porque criou algo muito especial.

01 **Quem Deus criou? (Gênesis 1:27)**

02 **Que palavras o Senhor falou em Gênesis 1:26-27? O que significa para você ser criada à imagem de Deus?**

03 **Por que você acha que Deus chamou sua criação de "muito bom" em vez de "bom"? (Gênesis 1:31)**

Gênesis 2 é mais específico a respeito de quem Deus criou no sexto dia.

04 **Leia Gênesis 2:18,21-22. Quem mais Deus criou? Faça um círculo ou anote quantas vezes você leu a palavra "bom" no capítulo 2.**

05 **Ao pensarmos na palavra "anseio", o que Deus identificou que faltava na vida de Adão? (Gênesis 2:18) Quem preencheu esse anseio? (Gênesis 2:21-23) Embora isso represente o casamento, mostra também que Deus projetou a humanidade para ter comunhão uns com os outros. Descreva um amigo ou parente por quem você é grata.**

06 **É importante entendermos que "bom" significa mais que simplesmente belo ou bem--feito. Leia Eclesiastes 7:29. Identifique outra palavra que fala da criação de Deus e se relaciona com a palavra "bom". O que isso nos ensina a respeito de como Deus fez a humanidade?**

Embutida nessa obra maravilhosa e criativa de Deus, encontramos uma grande promessa. Encontramos a esperança de que Deus tem um plano maior do que vemos nas situações difíceis de nossa vida. Maior que a confusão em que às vezes nos metemos. Essas situações e confusões nos assustam, nos perturbam e nos confundem, e chegam a produzir sensações de medo, ansiedade e falta de esperança. Deus, porém, no relato da Criação, nos traz esperança. A Criação mostra-nos que Deus é especialista em começos. Em bons começos. Em razão disso, podemos confiar nele quando surgem situações que não entendemos ou questionamos. Podemos confiar em Deus quando ele cria ou permite que as circunstâncias nos tirem de um lugar onde nos sentimos seguras e confortáveis.

Deus não mudou desde Gênesis 1. A Bíblia diz que ele não muda (Malaquias 3:6; Hebreus 13:8). O Deus de Gênesis 1 é o Deus de hoje e o Deus de sempre. Assim como fez durante a Criação, ele é capaz de fazer todas as coisas ficarem boas. Ele é capaz de trazer ordem e beleza de tal forma que tragam esperança e confiança.

07 **Mais uma pergunta para nos aprofundarmos um pouco mais no assunto. Você sabia que o Filho de Deus participou da Criação? Leia João 1:3 e Colossenses 1:16 e reflita no que significa para você o fato de Deus, o Filho, ter criado o mundo!**

A Queda (Adão e Eva)

Adão e Eva tinham anseios que tentaram satisfazer fora do plano de Deus.

WENDY BLIGHT

LEITURA DE HOJE: GÊNESIS 3

Quando a mulher viu que a árvore era boa para alimento, atraente aos olhos e desejável para dela se obter sabedoria, tomou do seu fruto e o comeu; também o deu ao seu marido, que estava com ela, e ele o comeu.

GÊNESIS 3:6

O capítulo 2 termina com Adão e Eva nus sem sentirem vergonha. Completamente confortáveis e vulneráveis em quem eles eram com Deus e entre si. Não havia necessidade de esconder nada. Nenhuma dúvida, insegurança, indignidade, medo, ansiedade ou arrependimento. Eles sabiam que o Criador os amava. O Criador os cercava de paz, prazer e propósito. Perfeição absoluta.

Entra o Inimigo, que diz as seis palavras que levaram tudo embora. *"Foi isto mesmo que Deus disse* [...]? (Gênesis 3:1). Palavras que tinham a intenção de atrair os filhos de Deus para longe de seu Criador. Separá-los daquele em quem encontraram amor e propósito, daquele que tinha o destino deles nas mãos.

01 **Cite três coisas pelas quais Eva ansiava e que ela pensava que o fruto proibido lhe traria (Gênesis 3:6).**

02 **De que maneira ansiamos por essas coisas hoje? Como o próprio Deus poderia nos dar todas essas coisas no sentido mais verdadeiro da palavra? (Veja João 4:34; Provérbios 2:6, 23:26.)**

03 **Embora Eva tenha sido a primeira a comer do fruto, a Bíblia diz que Adão o comeu também (Gênesis 3:6), e 1Timóteo 2:14 diz que ele "não foi enganado". O que Adão deveria ter feito?**

Satanás transformou em fardo o que Deus disse que seria uma bênção. Você já ouviu essas mentiras? Palavras que tinham a intenção de enganá-la, de afastar seu coração daquele que a formou, a criou com amor e propósito e a conhece pelo nome? Eu já ouvi.

A escolha de Adão e Eva de acreditarem no Inimigo, não em Deus, separou-os de terem uma comunhão íntima com Deus e do melhor de todos os presentes de Deus: viver para sempre com ele.

04 **Deus disse a Adão e Eva que, se eles comessem do fruto da árvore do conhecimento do bem e do mal, certamente morreriam (Gênesis 2:17). A serpente disse que eles não morreriam (Gênesis 3:4). Adão e Eva morreram de duas maneiras. Quais foram? (Gênesis 3:19; Romanos 5:12)**

Eles não mais viviam, se deleitavam e trabalhavam no jardim seguro, belo e frutífero. Deus enviou-os a uma terra seca e infrutífera que exigia suor e trabalho pesado para produzir qualquer tipo de fruto.

O fim da perfeição no jardim do Éden chegou quando Adão e Eva decidiram pecar. O Diabo, o mentiroso e pai das mentiras, os afastou do lindo plano que Deus tinha para eles. Adão e Eva não reconheceram a obra do Inimigo.

A boa notícia incluída nesse relato é que até no meio das más escolhas de Adão e Eva Deus está no controle. Deus é maior, mais forte e mais sábio que Satanás. Deus é o Criador; Satanás não passa de um ser criado. Essa boa notícia é transmitida aos filhos de Deus hoje.

05 **No meio de todo esse pecado, engano e corrupção, encontramos um raio de esperança em Gênesis 3. O que Deus diz que o homem fará com a serpente? (Gênesis 3:15) De acordo com Romanos 16:20, como isso foi cumprido?**

Mais boas notícias no Novo Testamento. João nos apresenta, em 1João 4:4, uma grande verdade para nos firmarmos em nossas batalhas: *"Filhinhos, vocês são de Deus e os venceram, porque aquele que está em vocês é maior do que aquele que está no mundo."* Satanás e Deus não são iguais. Deus é onisciente e onipotente. Satanás não é.

Felizmente, Deus facilitou reconhecermos o Inimigo em ação em nosso meio. Deu-nos sua Palavra escrita, que identifica o Maligno e descreve seus esquemas e táticas. Essa é uma boa notícia, porque agora podemos ficar alertas. Sabemos como reconhecê-lo. Não seremos pegas desprevenidas como Adão e Eva. Amiga, agradeça a Deus hoje pelo presente que ele lhe deu — a sua Palavra. Valorize-a como um tesouro. Leia-a. Estude-a. Ore enquanto a lê para que o Inimigo nunca tenha a palavra final.

Noé e o Dilúvio

Deus inundou o mundo, mas Noé e sua família encontraram favor diante de Deus.

WENDY BLIGHT

LEITURA DE HOJE: GÊNESIS 6

Noé, porém, encontrou favor aos olhos do SENHOR.
GÊNESIS 6:8

Agora vamos conhecer outra pessoa criada por Deus. Seu nome é Noé. A vida piedosa de Noé contrastava claramente com a depravação e a maldade na vida das pessoas ao redor dele. A Palavra de Deus diz que *"Noé era um homem justo e íntegro"* e que *"ele andava com Deus"* (Gênesis 6:9).

01 **Leia Gênesis 6:5 e anote suas observações sobre os pensamentos e as intenções do coração humano durante aquela época.**

Noé se destacava entre os demais. Era diferente, e sua fiel obediência deixou uma marca que estará para sempre nas páginas da Escritura, gravadas na História de Deus.

Imaginamos que o povo zombava de Noé enquanto ele construía aquele barco gigantesco e explicava que uma enorme quantidade de água viria da terra e do céu. Provavelmente a explicação parecia mais ridícula ainda porque alguns estudiosos acreditam que não havia chovido na terra até aqueles dias (Gênesis 2:4-6; Hebreus 11:7).

É muito mais fácil seguir a correnteza. Não balançar o barco. Adaptar-se. Acompanhar a multidão.

Esse, porém, não é o caminho de Deus. Deus ordena que não nos amoldemos ao padrão deste mundo. Ele nos exorta a sermos transformados pela renovação de nossa mente. E renovamos nossa mente pela sua Palavra viva e ativa (Romanos 12:2).

Noé não se amoldou. Permitiu que sua mente fosse transformada pela Palavra de Deus. Noé ouviu. Prestou atenção. Acreditou e obedeceu. E quanto a nós? O que vamos escolher?

Noé, porém, não era perfeito.

02 **Leia Gênesis 9:21-25. O que aconteceu para mostrar que Noé não era perfeito? Não há ninguém sem pecado — nem os melhores líderes de Deus, patriarcas, reis ou profetas (1João 1:8) e ninguém que pratique o bem o tempo todo (Eclesiastes 7:20). Jesus declarou que ninguém é bom, a não ser Deus (Marcos 10:18). Deus via tudo e sabia tudo a respeito de Noé e, ainda assim, o que Noé encontrou aos olhos do Senhor? (Gênesis 6:8)**

03 **A palavra "favor" em Gênesis 6:8 pode ser traduzida também por "graça". Anote seus pensamentos aqui sobre a tremenda graça de Deus a Noé e sua família. Que experiências você tem sobre esse assunto em sua vida?**

A torre de Babel

Os homens tentaram glorificar a si mesmos com uma torre, mas Deus os dispersou por toda a terra.

WENDY BLIGHT

LEITURA DE HOJE: GÊNESIS 11

Depois, disseram:
— Venham! Vamos construir para nós uma cidade com uma torre que alcance os céus. Assim, o nosso nome ficará famoso e não seremos espalhados por toda a terra.

GÊNESIS 11:4

Ao longo desses capítulos iniciais de Gênesis, vemos o povo de Deus encher-se de orgulho e ambição, e envolver-se repetidas vezes em atos de desobediência. Sua ambição misturada com orgulho os levou a desejar no coração as coisas do mundo, não as de Deus. Você conhece bem essa questão? A pergunta nos faz voltar ao anseio analisado no começo desta semana. Aprendemos que Deus nos criou com um anseio de sermos conhecidos. No entanto, ele tinha a intenção de satisfazer esse anseio com esta verdade: somos totalmente conhecidas e amadas por ele.

01 **Em Gênesis 11:4 e 11:8, o que o povo temia e o que realmente aconteceu?**

Da mesma forma que os construtores da torre, muitas vezes não buscamos a Deus para que ele satisfaça os nossos anseios. Vamos atrás das coisas deste mundo para nos satisfazer. Coisas como reconhecimento, popularidade e aceitação pelas pessoas de nosso meio.

Nesse relato, o povo de Deus estava satisfazendo seu anseio de modo equivocado, procurando glorificar a si mesmos, não a Deus. Com o tempo, a arrogância do povo os levou a cometer atos de rebeldia que culminaram com a ideia de se unirem para organizar um império poderoso para eles. Em vez de buscar em Deus propósito e destino, eles procuraram construir um nome para si mesmos.

maldições

Na Bíblia, as maldições se referem muitas vezes à disciplina santa de Deus como consequência do pecado. Começam em Gênesis quando Deus amaldiçoou a terra por causa da desobediência de Adão. Continuam em Deuteronômio quando Deus prometeu enviar bênção ou maldição, dependendo da obediência do povo a seus mandamentos. No Novo Testamento, o apóstolo Paulo falou dos falsos mestres, dizendo: "[...] que seja amaldiçoado!" (Gálatas 1:8). A palavra grega usada aqui é *anathema*, que significa "submetido a Deus para julgamento."

02 **Imagine um cenário no qual eles tivessem obedecido a Deus. Você acha que isso causaria impacto na unidade das nações e etnias no mundo de hoje? Como?**

O mandamento de Deus a seu povo em Gênesis foi este: *"Sejam férteis e multipliquem-se! Encham e subjuguem a terra!"* (1:28). Ao se estabelecerem em um lugar e construírem uma torre que alcançasse os céus, eles desobedeceram diretamente a esse mandamento. Portanto, Deus interveio e disse estas palavras:

— Se, como um só povo que fala a mesma língua, começaram a fazer isso, nada do que planejem fazer será impossível para eles. Venham! Desçamos e confundamos a língua que falam, para que não entendam mais o que dizem uns aos outros (Gênesis 11:6-7).

Deus fez exatamente isso e espalhou-os na face da terra.

Ah, deveríamos pelo menos saber que os mandamentos e os caminhos de Deus são bons; saber além do conhecimento intelectual; saber e crer no fundo de nossa alma que seus mandamentos são bons. Que seus propósitos são bons. Que ele é bom.

03 **O povo que estava construindo a torre de Babel queria que seu nome ficasse famoso (Gênesis 11:4). Queria se autoglorificar em vez de glorificar a Deus. Você se identifica com essas palavras? Por exemplo, às vezes trabalhamos muito para construir nossa plataforma na rede social. O fato em si não é uma coisa ruim. Mas, quando o motivo por trás da construção de nossa plataforma não é puro, é aí que o pecado entra. Temos de analisar nosso coração. Houve ocasiões em sua vida em que você desejou a atenção dos outros mais do que a glória e a vontade de Deus em sua vida?**

Deus deseja que sejamos obedientes. Deus abençoa e recompensa a obediência e traz maldições e consequências pela desobediência. Vimos isso com nossos próprios olhos nessas histórias. Quer entendamos os mandamentos de Deus, quer concordemos com eles, fazemos bem em confiar nele e em seus caminhos. Eles são sempre bons, e Deus é digno de confiança.

Abraão

Deus prometeu a Abraão que ele seria pai de muitas nações; Abraão creu e obedeceu.

WENDY BLIGHT

LEITURA DE HOJE: GÊNESIS 15

Abrão creu no SENHOR, e o SENHOR lhe atribuiu isso como justiça.
GÊNESIS 15:6

Deus foi ao encontro de Abrão em uma ocasião em que ele estava duvidando das promessas de Deus. Deus viu Abrão, foi até ele e disse-lhe palavras de encorajamento. *"Não tenha medo, Abrão! Eu sou o seu escudo; a sua recompensa será muito grande"* (Gênesis 15:1). Com idade avançada, Abrão concentrou-se na parte física: no que seus olhos podiam ver e no que sua mente podia compreender. Deus prometeu fazer dele um grande povo, mas Abrão não tinha filhos. Por sua graça, Deus garantiu a Abrão que um filho estava chegando. Pediu-lhe que olhasse para o céu e contasse as estrelas, e disse: *"Assim será a sua descendência"* (Gênesis 15:5).

Sem nenhuma mudança de circunstâncias, a Escritura diz que Abrão acreditou no Senhor. Acreditou que Deus faria o que disse que faria. Isso é fé. E Deus respondeu a essa fé creditando a justiça e a posição correta diante de si como recompensa.

justiça

Justiça é uma palavra importante para nós, pois a Palavra de Deus diz que fomos feitos justos por crer em Cristo (2Coríntios 5:21; Romanos 4:6-24, 5:19, 10:3). Tanto no grego quanto no hebraico, a palavra é repleta de significado. Parte de seu significado é fazer o que é certo — isto é, obedecer a Deus e fazer justiça no mundo. A segunda parte do significado, e igualmente importante, é a conotação de termos direito legal perante um juiz. Os dois significados são inseparáveis no sentido bíblico da palavra.

01 **Como ocorreu com Noé, justiça — ou posição correta diante de Deus — não significava que Abrão era uma pessoa sem pecado. Ele simplesmente confiava no Senhor. Leia Romanos 4:4-5. A Palavra de Deus diz que essa mesma situação se aplica a todos os homens e mulheres que confiam no Senhor. Descreva o que significa para você depositar sua confiança no Senhor.**

02 **Releia Romanos 4:4-5 e medite no significado da passagem, anotando seus pensamentos.**

Os caminhos de Deus não mudaram nesses milhares de anos. Ele é o mesmo ontem, hoje e sempre. A confiança em Deus e na sua Palavra... a confiança em suas promessas... nos levará à justiça. O segredo é fé. Abrão foi renomeado "Abraão" por Deus porque ele teve fé e acreditou que Deus faria dele o pai de uma multidão de nações (Gênesis 17:5).

03 **Fé não significa nunca duvidar ou ter perguntas. Na verdade, Abraão imediatamente começou a perguntar a Deus como as coisas que ele prometeu seriam possíveis (Gênesis 15:8) e chegou a rir das outras promessas de Deus (Gênesis 17:17). Você já duvidou de Deus ou perguntou a ele por que as dificuldades acontecem? Como suas perguntas ou dúvidas foram respondidas?**

As promessas de Deus são eternas e imutáveis. Não falham porque Deus não falha.

Podemos acreditar no Inimigo ou podemos acreditar em Deus.

Podemos sucumbir às mentiras ou permanecer na Verdade. No jardim, Adão e Eva escolheram acreditar nas mentiras do Inimigo. Noé e Abrão (Abraão), por outro lado, escolheram acreditar nas verdades de Deus. No entanto, não podemos esquecer que Noé e Abraão não eram perfeitos. Nas ocasiões em que deixaram de seguir a Deus e colocaram seus anseios em lugar errado, Deus enviou severas consequências como resultado.

Aprendemos nesta semana: A escolha de mentiras e autossatisfação resulta em consequências negativas. A escolha da verdade e da humildade resulta em bênçãos e realizações. Por quê? Porque, quando escolhemos acreditar em mentiras, caímos nas mãos do Inimigo. Ouvimos a voz do Diabo, não a voz de Deus, portanto o Diabo determina quem somos, qual é o nosso caminho e até o nosso destino.

Quando confiamos em nós mesmas, nos outros, não em Deus, corremos o risco de nos afastar tanto de Deus a ponto de esquecer seu coração. Sua bondade. Seu amor. Esquecemos que os mandamentos de Deus são bons. Que seus propósitos são bons. Que ele é bom.

Confiar na Palavra de Deus e obedecer a ela é o que devemos fazer para encontrar nosso significado, nossa satisfação e nossa segurança verdadeiros e duradouros.

Abraão pôs isso em prática. Deus prometeu fazer dele uma grande nação, mas Abraão não tinha nenhum filho. Como a promessa de Deus seria cumprida sem nenhum herdeiro? Deus era verdadeiramente digno de confiança?

Desanimado, Abraão clamou ao Senhor. Deus chegou até ele e assegurou-lhe graciosamente a chegada de um filho. Lembrou Abraão das promessas que fizera a ele. A Escritura diz que Abraão creu no Senhor... sem nenhuma prova visível... sem Sara estar grávida. Abraão acreditou na palavra de Deus. Acreditou que Deus faria o que disse que faria.

Essa, minha amiga, é a essência da fé. Os caminhos de Deus não mudaram. As promessas e os propósitos de Deus são eternos e imutáveis. Não falham, porque Deus não falha. Quando as mentiras do Inimigo — medo, dúvida, ansiedade, descrença, desânimo — chegarem, devemos imediatamente levar cativos esses pensamentos. Cativos à Verdade da Palavra de Deus. A Verdade de quem somos como filhas do Deus único e verdadeiro.

Leia em voz alta a verdade de quem você é em Cristo.

Você é amada.

1JOÃO 3:1

Você é perdoada.

1JOÃO 1:9

Você é redimida.

EFÉSIOS 1:7

Você é uma nova criação.

2CORÍNTIOS 5:17

Você é santificada.

HEBREUS 10:10

Você é especial.

ROMANOS 8:30-39

Você é templo do Espírito Santo.

1CORÍNTIOS 3:16-17; 6:19-20

Você foi feita com um propósito.

1PEDRO 2:9; 4:10

**Agora,
ore
e
declare
essas
verdades
sobre seu
coração e
mente.**

Aba, Pai, meu Criador,

Louvo-te porque me fizeste de modo assombroso e admirável. Obrigada porque sou perdoada e redimida pelo sangue de teu Filho, Jesus. Obrigada porque no poder e pelo poder de teu Santo Espírito sou uma nova criação. Por tua graça e misericórdia, sou tua obra-prima feita por tuas mãos, e os teus propósitos para mim são bons e perfeitos. Por favor, concede-me sabedoria e discernimento à medida que executo esse plano. Ajuda-me a descobrir quem desejavas que eu fosse quando me criaste. Mostra as mentiras do Inimigo. Leva embora tudo o que não criaste para minha vida. Protege-me dos esquemas do Diabo. Dá-me olhos para ver a mim mesma, não com os olhos do mundo, mas com os teus olhos. Pai, que eu saiba no fundo de meu coração que sou santa, criada à tua imagem e separada para teus propósitos. Abre meus olhos para verem minha verdadeira beleza, uma beleza que reflete teu coração, teu caráter, tua força e tua dignidade. Planta tuas Verdades bem no fundo de meu coração. Enche-me com teu Santo Espírito e abençoa-me todos os dias de minha vida. Peço tudo isso em nome de teu Filho, Jesus. Amém.

a jornada: em um relance

Entendemos que não podemos estudar todas as histórias da Bíblia em 40 dias. Portanto, ao longo de nossa caminhada, vamos compartilhar outros eventos importantes que você poderá ler por conta própria.

Deus, em sua graça, criou um mundo bom.
GÊNESIS 1:31

Adão e Eva tinham anseios que tentaram pôr em prática fora do plano de Deus.
GÊNESIS 3:6,15

Na primeira dinâmica relacional que vemos entre irmãos, Caim matou Abel, seu irmão.
GÊNESIS 4

Deus inundou o mundo, mas Noé e sua família encontraram favor aos olhos de Deus.
GÊNESIS 6:8

Os homens tentaram se autoglorificar construindo uma torre, mas Deus os espalhou por toda a terra.
GÊNESIS 11:4

Jó continuou a adorar a Deus em seu sofrimento.
JÓ 1–3; 38—42

Deus chamou Abraão para que saísse da terra de Ur.
GÊNESIS 12

Deus prometeu que Abraão seria pai de muitas nações; Abraão creu e obedeceu.
GÊNESIS 15:6

O Senhor destruiu Sodoma e Gomorra com fogo.
GÊNESIS 19

Isaque nasceu, e Abraão expulsou de casa sua serva Hagar e Ismael.
GÊNESIS 21

O Senhor pôs a fé de Abraão à prova ao pedir-lhe que sacrificasse seu filho.
GÊNESIS 22

Isaque teve dois filhos, chamados Esaú e Jacó.
GÊNESIS 25

Jacó teve doze filhos que se tornaram as tribos de Israel.
GÊNESIS 29—30

12

Jacó lutou com Deus e recebeu o novo nome de "Israel".
GÊNESIS 35:10

anseio por liberdade

2ª semana

JOEL MUDDAMALLE

Quando eu era criança, meu pai e eu fazíamos uma brincadeira na qual ele me prendia entre suas pernas e depois cronometrava para saber quanto tempo eu demorava para sair.
Lá estava eu, preso! Incapaz de me movimentar livremente. O peso de suas pernas não me permitia sair.

Hoje faço a mesma coisa com meus filhos. A expressão no rosto deles quando conseguem sair não tem preço — liberdade! Eles correm, gritam, comemoram e costumam me provocar o tempo todo!

Antes da Queda, Adão e Eva tinham uma liberdade autêntica e verdadeira. Quando Deus disse: *"Coma livremente de qualquer árvore do jardim. Mas não coma da árvore do conhecimento do bem e do mal, porque, no dia em que comer dela, certamente você morrerá"* (Gênesis 2:16b-17), esse foi o melhor tipo de liberdade, porque continha restrições para o bem de Adão e Eva. No entanto, após a Queda, Adão e Eva abriram mão de sua verdadeira liberdade, tornando-se escravos e prisioneiros do pecado (Romanos 6:20). Daquele momento em diante, a humanidade passou a sentir um anseio pela verdadeira liberdade porque fomos criados e planejados para ser livres. O anseio por liberdade manifesta-se em cenários monumentais ao longo da vida de José, que foi vendido como escravo por seus irmãos e enviado ao Egito (Gênesis 37:18-36).

No entanto, a Escritura nos lembra de que Deus usou o exílio e a escravidão de José para o bem e para salvar muitas vidas (Gênesis 50:20). Muitas gerações depois, Moisés, que tinha uma vida de luxo e riqueza como príncipe do Egito, abandonou sua posição no palácio porque queria libertar seu povo, os israelitas, que vivia sob o cativeiro egípcio. Os próprios israelitas experimentariam a liberdade por meio das obras poderosas de Deus. Contudo, a história desse povo incluiu um ciclo repetitivo de liberdade, escravidão e exílio, resgate e exílio novamente. Todas as vezes que os israelitas experimentavam "liberdade", estavam, na verdade, experimentando um resgate, porque eram o povo com o qual Deus fez uma aliança e deviam viver sempre sob a autoridade perfeita e graciosa de Deus (Levítico 25:42; Deuteronômio 6:20-25).

Você deve estar pensando: "Que relação isso tem comigo? Não estou em cativeiro e não fui exilada como os israelitas." Mas você já se sentiu presa dentro de um ciclo? Conseguiu o emprego que sempre quis, mas depois percebeu que há algumas tarefas que não gosta de fazer. Sente-se insatisfeita e começa a procurar outro emprego. Ou talvez trabalhe muito para comer bem e fazer exercícios, e parece estar muito bem e sente-se muito bem! Mas, então, você decide fazer uma refeição para "enfiar o pé na jaca" que se transforma em um dia para "enfiar o pé na jaca" que se transforma em um fim de semana e que se transforma em semanas. Eu já fiz isso. Meses depois, olhamos no espelho ou na balança e percebemos que temos de começar tudo de novo. O peso dessas circunstâncias pode levar-nos a cair em uma armadilha, deixando-nos desesperados para romper o ciclo e experimentar liberdade.

É importante lembrar que uma descrição bíblica de liberdade não significa que não haja restrições. Deus não impõe restrições para nos negar alguma coisa. Ele as impõe para proteger-nos e, muitas vezes, para nos proporcionar algo melhor.

O pastor Levi Lusko comenta que, ao longo da Escritura, sempre que vemos Deus dizer: *"Não"*, deveríamos ler: *"Não se machuque."* Encontramos a verdadeira liberdade quando nos submetemos à autoridade de Deus em Cristo Jesus. Vemos essa verdade quando Deus entrega a Lei a seu povo. A Lei não foi planejada para escravizar o povo de Deus, mas para estabelecer uma estrutura que faria as nações vizinhas conhecerem que os israelitas eram livres, embora vivessem como separados sob a autoridade de Jeová, o Deus criador.

À medida que lermos e estudarmos juntos a Palavra de Deus nesta semana, vamos ficar face a face com nossos conceitos de como é a verdadeira liberdade e ser desafiados a trocá-los pelo conceito de Deus. Na verdade, José, Moisés e todos os israelitas tinham conceitos próprios a respeito da liberdade. No entanto, assim como eles, só encontramos a verdadeira liberdade quando nos submetemos à autoridade e ao domínio do Rei Jesus.

Embora Deus tenha libertado os israelitas das garras maldosas do faraó, Deus, em Cristo, resgatou-nos das garras maiores e mais opressoras do pecado e da morte. Cristo reinou vitorioso sobre a morte e, ao fazer isso, resgatou seu povo — todos aqueles que se arrependem e se submetem à soberania de Cristo — para viver na legítima liberdade com Cristo, o Rei (Colossenses 2:9-15).

Viver em liberdade com Cristo é ser livre da Lei, porque Cristo viveu de acordo com o padrão da Lei em perfeição. Viver em liberdade com Cristo é ser livre do pecado porque Cristo venceu o poder do pecado na cruz. E viver em liberdade com Cristo é ser livre da morte porque Cristo, ao morrer, derrotou a morte, desarmando os poderes malignos do mundo e reinando vitorioso.[3]

Deus salvou a vida de Moisés e chamou-o para liderar os israelitas.
ÊXODO 3:14

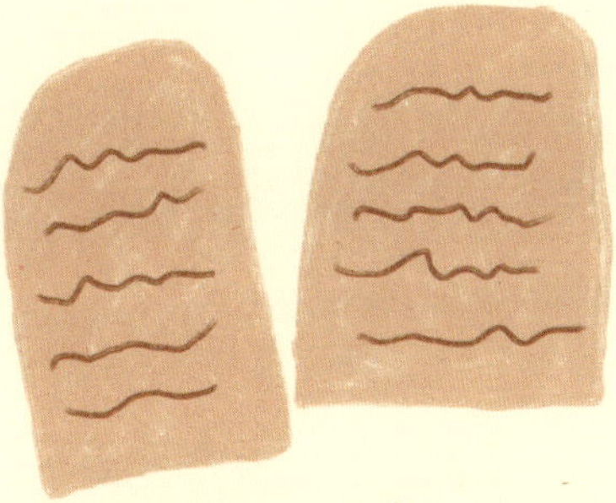

Deus resgatou José de seus irmãos assassinos e, em troca, por meio de José, Deus salvou seus irmãos da fome.
GÊNESIS 37—50:20

Deus entregou os Dez Mandamentos.
ÊXODO 20:1

Com o passar do tempo, Israel tornou-se escravo no Egito e ansiava por liberdade.
ÊXODO 1:13

Deus dividiu as águas do Mar Vermelho e resgatou Israel do Egito.
ÊXODO 9:16; 12:50-51

José

Deus resgatou José de seus irmãos assassinos e, em troca, por meio de José, Deus salvou seus irmãos da fome.

WENDY BLIGHT

LEITURA DE HOJE: GÊNESIS 50

— Vocês planejaram o mal contra mim, mas Deus o planejou para o bem, para que a vida de um numeroso povo fosse salva hoje.

GÊNESIS 50:20

No final das histórias de Gênesis, encontramos um belo relato sobre liberdade, perdão e misericórdia.

01 **Antes de começar, vamos meditar na ideia de perdão por um momento. Quando se trata de perdão, parece que a pessoa sempre tem de ceder, mesmo que a outra não tenha assumido a responsabilidade e/ou pedido perdão. Por que achamos difícil perdoar? Que fatores você considera quando decide perdoar alguém?**

Agora vamos analisar o perdão em ação. Em Gênesis 42, Jacó enviou seus filhos ao Egito para comprarem alimento em razão de uma terrível fome na terra. Tão logo chegam, os filhos de Jacó se veem diante de seu irmão José, perdido há muito tempo, atual governador do Egito. No entanto, eles não o reconheceram, porque, vinte anos antes, os irmãos de José — movidos por inveja — o haviam vendido como escravo.

Apesar dos perigos, adversidades e tentações que enfrentou enquanto morava no Egito, que incluíram anos de prisão injusta, José permaneceu fiel a Deus. Teria sido fácil para ele ter sentido amargura e raiva, mas não há nenhum registro de reclamações de José. Ele tomou a decisão de honrar a Deus com suas palavras, ações e atitudes. O Senhor não libertou José imediatamente, mas a Escritura diz que o Senhor permaneceu com José. Deus o protegeu durante sua prisão injusta, o libertou, o abençoou e, por fim, o elevou à segunda posição de mais poder no Egito.

Assim, quando seus irmãos se apresentaram diante dele, José tinha o destino deles nas mãos. José tinha duas opções: castigar e vingar-se ou perdoar e buscar reconciliação. Ele escolheu perdoar.

02 **Vamos consultar mais uma vez a Escritura para ver o que ela fala de perdão. Leia Mateus 18:21-22. Qual é o padrão de Jesus para o perdão? De que maneira as seguintes passagens comprovam as palavras de Jesus sobre o perdão? (Efésios 4:32; Colossenses 3:13; Mateus 6:12)**

José usou sua posição de influência junto ao faraó para abençoar seu pai e seus irmãos. José libertou sua família do sofrimento da fome e acomodou-a na melhor parte da terra. Sem a benevolência de José, sua família não teria nenhuma esperança de libertação, acolhida, alimento, terra ou provisões.

03 **Você está preparada para dar um passo em direção ao perdão? Talvez seu coração não sinta o desejo de perdoar. Mas, como José, você vai escolher começar o processo de perdoar? E, lembre-se, perdão não significa que Deus não valoriza seu sofrimento e mágoa. São sentimentos verdadeiros. Deus apenas não quer que eles dominem seu coração e roubem a vida plena que ele tem para você do outro lado do perdão.**

Vemos outra bela verdade bíblica apresentada na história de José. Leia com atenção as palavras poderosas de José aos seus irmãos: "*'Vocês planejaram o mal contra mim, mas Deus o planejou para o bem, para que a vida de um numeroso povo fosse salva hoje. Por isso, não tenham medo. Eu sustentarei vocês e as suas crianças.' Assim, José os tranquilizou e lhes falou amavelmente*" (Gênesis 50:20-21).

04 **Qual é a verdade que José compartilha com seus irmãos em Gênesis 50:20? Leia Romanos 8:28 e escreva o texto a seguir. O que essas palavras falam a respeito do que José disse aos seus irmãos? Quais são as duas condições para que essa promessa se aplique?**

Quando as duras realidades da vida chegam, você ainda confia em que Deus está trabalhando em suas circunstâncias para levá-la a um lugar de liberdade e privilégio? Está disposta a confiar em Deus o suficiente para aguardar com paciência as bênçãos que a esperam no outro lado?

05 **Do que você necessita para confiar em Deus hoje? Vai confiar na promessa que Deus fez por meio de José, e agora a faz a você, de que ele cumprirá TUDO, tudo mesmo, para o bem, porque você pertence inteiramente a ele? Você é sua filha amada, criada por ele com um bom plano e um bom propósito.**

A vida de José fala dessa esperança para nós nos dias de hoje. Deus é capaz de transformar até mesmo a pior das circunstâncias para o nosso bem e glória dele. Ele está sempre no controle, mesmo quando parece que nosso mundo está fora de controle.

Escravidão no Egito

Com o passar do tempo, Israel foi escravizado no Egito e ansiava por liberdade.

WENDY BLIGHT

LEITURA DE HOJE: ÊXODO 1

[...] *e os sujeitaram a cruel escravidão.*

ÊXODO 1:13

Quatrocentos anos haviam se passado desde que José trouxera sua família para o Egito. Sua pequena família cresceu em número até se tornar mais numerosa do que se podia contar! (Êxodo 1:7; Números 1:44-46) Esses números cumprem a palavra de Deus em Gênesis 17:1-8.

01 **Leia Gênesis 17:1-8. Faça uma lista das partes da aliança que Deus fez com Abraão nesses versículos. Que versículo comprova o aumento da família de José? Como Êxodo 1:6-7 comprova o que estamos aprendendo aqui?**

Esse aumento revela a absoluta fidelidade de nosso Deus em honrar sua palavra. O difícil de entender é que o cumprimento dessa promessa levou o povo de Deus a ser escravo no Egito.

Deus, porém, sabia que os israelitas não compreenderam. Se tivessem permanecido onde estavam antes de ir para o Egito, teriam se casado com pessoas de outras raças e seguido os costumes religiosos e políticos de povos idólatras e incrédulos daquela terra, entre eles os cananeus, os moabitas e os hititas. A Bíblia chama esses povos de "pagãos". Nos tempos bíblicos, a palavra "pagão" se referia àqueles que adoravam muitos deuses ou um povo comodista e permissivo que rejeitava Jeová como o Deus único e verdadeiro.

Deus sabia que, se permanecesse onde estava, seu povo separado e santo teria assimilado a cultura pagã, esquecendo-se de quem era e a quem pertencia.

Seja o que for que tenha acontecido no Egito, o plano bom e perfeito de Deus foi mantido. Posteriormente, Deus levou seu povo a Canaã, a terra que prometera a Abraão. Nem mesmo a maldade e a crueldade que os egípcios infligiram aos israelitas foram capazes de frustrar o plano que Deus estabeleceu antes do início dos tempos. Não foram capazes de anular as promessas feitas a Abraão, Isaque e Jacó.

É difícil entender como a escravidão, essa crueldade e sofrimento tão grandes, foi permitida por Deus para realizar seu plano para seu povo. No entanto, foram permitidos.

Você já perguntou: "Por que Deus permitiu isso?", "Deus, como isso pôde fazer parte de teu plano?" Eu já perguntei. Se queremos andar bem perto de Deus, precisamos manter a mente fixa em um traço de caráter significativo de nosso Deus: sua soberania.

02 **Com referência a Deus, "soberania" significa que ele tem todo o poder e autoridade neste mundo. Leia estes versículos e compartilhe o que você aprendeu: Salmos 24:1-2, 47:7; Mateus 28:18; João 1:3. John Piper resume a soberania de Deus desta maneira: soberania de Deus é o direito e poder que ele tem de fazer tudo o que ele decide fazer.**[4]

Portanto, embora às vezes nossas circunstâncias não façam sentido, se esses versículos são verdadeiros e se Deus controla todas as coisas, que incluem nossa história, então não há nenhuma casualidade.

03 **Leia Atos 17:25-26 e Salmos 139 para entender melhor o envolvimento de Deus em nossa vida e sobre nossa vida. Escreva o que aprendeu sobre o envolvimento de Deus.**

A soberania de Deus não se limita ao Antigo Testamento. A soberania de Deus faz parte de quem ele é. E o amor também. Deus é soberano e Deus é amor. Tão grande é esse amor que Deus se dispôs a entregar seu único Filho para revelar tal amor. Ao executar seu plano de redenção, Deus sofreu e se entristeceu quando viu os soldados colocarem seu Filho amado na cruz e martelarem os pregos, um após outro.

Deus enviou seu único Filho, Jesus, para nos libertar, da mesma forma que libertou os israelitas. Libertou-nos da escravidão do pecado e da morte em que nascemos como consequência das escolhas de Adão e Eva em Gênesis 3. O caminho para a liberdade é crer em Jesus. O caminho para a liberdade é confessar nossos pecados e pedir a Jesus que perdoe esses pecados e nos leve a ter um relacionamento eterno e amoroso com Deus Pai, Deus Filho e Deus Espírito Santo.

Ah, amiga, guarde essa imagem da cruz e estas palavras de Paulo bem no fundo de seu coração para aqueles tempos em que você perguntar: "Deus, como um plano como esse pode ser seu?" Lembre-se: o que Deus fez em Cristo Jesus, ele fez por você. A confiança não ocorre imediatamente. Mas ela se acomodará em seu coração quando você passar a conhecer o amor e o caráter de Deus com mais profundidade e confiar neles. Deus tem planos bons para nós, assim como tinha para Noé, Abraão, Moisés e Israel.

Moisés e a sarça em chamas

Deus salvou a vida de Moisés e chamou-o para liderar os israelitas.

WENDY BLIGHT

LEITURA DE HOJE: ÊXODO 3

Deus disse a Moisés:
— Eu sou o que sou. É isto que você dirá aos israelitas: "Eu sou me enviou a vocês".
ÊXODO 3:14

No início de Êxodo 3, vemos Moisés em um encontro mais que extraordinário, em pé ao lado de uma sarça em chamas, lutando contra suas dúvidas diante de Deus.

01 **Onde mais vemos Deus se revelando, ou revelando sua vontade, acompanhado de fogo? Leia Êxodo 13:21, 15:7, 19:18 e Malaquias 3:2-3. O que Hebreus 12:29 diz sobre Deus?**

Por que Deus escolheu o fogo? Porque, ao longo da Escritura, Deus apresenta o fogo como um elemento purificador e refinador. O fogo separa as impurezas e deixa o que é valioso. Amiga, quando Deus traz ou permite a fornalha em chamas do desconforto em nossa vida, o fogo não queima indiscriminadamente. Queima intencionalmente, para nos tornar mais semelhantes a Deus. Podemos confiar em que o fogo sempre se destina ao nosso refinamento, nunca à nossa destruição. Deus sabia que Moisés estava prestes a andar com o povo de Deus por meio de um sério refinamento.

Deus também sabia que Moisés não tinha os requisitos necessários para assumir a missão que lhe foi designada. Por isso, o fogo foi decisivo. Necessário. Um lembrete poderoso de quem Deus era, de quem Moisés era e de quem Deus o estava chamando para ser.

Em Êxodo 3:11, Moisés, que viveu como fugitivo durante 40 anos, questionou a missão que Deus lhe dera.

Moisés perguntou: *"Quem sou eu para me apresentar ao faraó e tirar os israelitas do Egito?"*

Deus simplesmente respondeu: *"Certamente estarei com você"* (Êxodo 3:12).

É interessante notar que Deus não reforça a confiança de Moisés. Simplesmente faz uma promessa a Moisés. Ele afirmou que estaria com Moisés.

Moisés pede mais garantia. Quem exatamente estará com ele quando retornar ao Egito?

Deus faz então uma revelação especial a Moisés sobre quem é Deus. Deus informa a Moisés o novo nome pelo qual ele deve chamá-lo. Deus diz: *"Eu sou o que sou"* (Êxodo 3:14). Embora o significado desse nome não seja completamente determinado, um possível significado é "Serei para você tudo o que Eu sou."

Como eu amo esse nome que Deus deu a conhecer a Moisés em meio ao medo do desconhecido! Deus sabia o que estava por vir para Moisés. Moisés não sabia. Nesse novo nome, Deus prometeu ser TUDO o que Moisés necessitava. Tudo o que Israel precisava para assegurar que as nações ao redor deles soubessem que o Deus dos israelitas era o Deus único e verdadeiro.

02 **Como estas passagens do Novo Testamento reforçam o que aprendemos na leitura de hoje? (Romanos 8:35-37; 1Pedro 1:6-7; Tiago 1:2-4)**

Que lindo lembrete para nós! Quem somos não é tão importante tanto quanto quem é Deus.

Repetindo, como fizemos na semana passada, precisamos perguntar: onde, ou quem, devemos procurar para satisfazer nossos anseios? Mais especificamente, devemos fazer uma pausa e perguntar: em que ou em quem colocamos nossa fé? Nas coisas deste mundo? Em ídolos, como faziam as nações pagãs? Em querer que o nosso nome seja famoso, como os que construíram a torre de Babel? Ou depositamos nossa fé no Deus de Abraão, Isaque e Jacó? No Deus de Israel? No Deus único e verdadeiro?

Amiga, Deus, que é o nosso grande "Eu Sou", satisfaz todo o anseio de nosso coração. Jesus transporta essa verdade ao Novo Testamento quando declara seus muitos nomes magníficos. Ele é o Pão da vida enviado para que nunca voltemos a ter fome ou sede (João 6:35). Ele é a Luz do mundo para que nunca voltemos a andar na escuridão (João 8:12). Ele é o Bom Pastor que nos guiará para que nunca voltemos a nos sentir ansiosas, temerosas, perdidas ou sozinhas (João 10:11). Ele é a Ressurreição e a Vida que garante vida plena aqui na terra e vida eterna no céu com ele (João 11:25).

Separe alguns momentos para meditar onde você deposita sua fé quando sente dúvida, medo do desconhecido ou questiona as ações de Deus. Sua fé se baseia em você ou está ancorada em quem é Deus? Seu caráter. Sua Palavra. Seu poder. Sua presença habitando dentro de você.

“Eu sou.”

“Eu sou o pão da vida.”

(JOÃO 6:35,41,48,51)

Assim como o pão sustenta a vida física, Cristo oferece e sustenta a vida espiritual.

“Eu sou a luz do mundo.”

(JOÃO 8:12)

A um mundo perdido nas trevas, Cristo se oferece como guia.

“Eu sou a porta das ovelhas.”

(JOÃO 10:7,9)

Jesus protege seus seguidores como os pastores protegem seus rebanhos dos predadores.

“Eu sou a ressurreição e a vida.”

(JOÃO 11:25)

A morte não é a palavra final para os que estão em Cristo.

“Eu sou o bom pastor.”

(JOÃO 10:11,14)

Jesus está empenhado em cuidar dos que são dele e vigiar por eles.

“Eu sou o caminho, a verdade e a vida.”

(JOÃO 14:6)

Jesus é a fonte de toda a verdade e conhecimento a respeito de Deus.

“Eu sou a videira verdadeira.”

(JOÃO 15:1,5)

Ao nos apegar a Cristo, permitimos que sua vida flua em nós e por intermédio de nós. Só assim produziremos frutos que honrem o Pai.

Resgate do Egito

Deus dividiu as águas do mar Vermelho e resgatou Israel do Egito.

WENDY BLIGHT

LEITURA DE HOJE: ÊXODO 9–12

— Eu, porém, o mantive em pé exatamente com este propósito: mostrar-lhe o meu poder para que o meu nome seja proclamado em toda a terra.

ÊXODO 9:16

Quando encontramos Moisés em meio às pragas que Deus enviou ao Egito, ele era um homem adulto e maduro. Moisés não mais duvidava, questionava ou reclamava. Não vemos nenhum medo e nenhuma hesitação nele. Tudo o que Deus ordenava que Moisés fizesse, ele o fazia. Imediatamente.

Havia chegado o dia em que Moisés devia apresentar-se e fazer o que o Senhor lhe pediu que fizesse naquele dia diante da sarça em chamas: libertar o povo de Deus e tirá-los do Egito (Êxodo 3:10). Por intermédio de Moisés e das obras poderosas de Deus, por fim os israelitas experimentaram liberdade e libertação.

01 **Em sua opinião, qual foi a causa dessa transformação em Moisés? O que podemos aprender nestes textos das Escrituras para nos ajudar a confiar mais em Deus quando ele nos chama para realizar uma tarefa difícil? (Deuteronômio 31:6; Salmos 27:1; Hebreus 10:36; Tiago 1:12)**

Por meio do envio das pragas, Deus garantiu que o faraó soubesse que ele estava no controle. Cada praga apresentou uma oportunidade ao faraó, e ao Egito, de arrepender-se e reconhecer o Deus de Israel como o Deus único e verdadeiro, e compreender e temer a soberania de Deus, sua força e poder. Deus deixou muito claro: quanto mais o faraó resistisse, mais pragas Deus enviaria. E, a cada ato de resistência da parte do faraó, mais glória e atenção seriam dadas à majestade e ao poder do Deus de Israel. A recusa obstinada do faraó abriu o caminho para Deus revelar seu poder e declarar seu nome por toda a terra da maneira que ele fez.

Vemos isso acontecer novamente no Novo Testamento com as autoridades judaicas que crucificaram Jesus. Deus não planejou que eles sentissem inveja e ódio no coração. Simplesmente deixou que pusessem em prática suas inclinações malignas e egoístas (Romanos 1:24-28), para que ele pudesse novamente cumprir os propósitos de seu Reino estabelecidos antes do início dos tempos.

Vamos nos lembrar de nossos anseios por alguns instantes. O faraó e as autoridades judaicas queriam satisfazer a inclinação de seu coração humano e pecador (seus anseios) por meio de poder e controle. Mais um exemplo de desejos equivocados. As escolhas deles revelam claramente as consequências de viver fora da vontade e do plano de Deus para nossa vida.

Devemos ser muito agradecidos por ter Jesus. Como filhos e filhas de Deus, somos diferentes. Temos Jesus. Graças a Jesus, aquele que nos criou vive agora dentro de nós. Seu Espírito em nós nos proporciona uma satisfação profunda na alma que não pode ser encontrada em mais poder, mais controle, mais reconhecimento. Quando seguimos os anseios do coração de Deus, não os nossos, Deus nos abençoa com uma vida feliz, abundante e plena.

02 **Ao olhar para trás, para a Queda, em Gênesis 3, vemos que Deus nos dá uma imagem clara de duas verdades. Primeira, Deus tem total autoridade sobre a criação e sobre o que ele criou. Segunda, apesar dos atos de rebeldia de seus filhos, Deus continua a querer relacionar-se com eles. Continua a trabalhar para redimi-los de seu estado pecaminoso. Como essas duas verdades se manifestaram no relato bíblico de Moisés? Como o desejo de Deus de redenção e de sua compaixão por seus filhos se manifestam nas páginas da Escritura? Escolha um ou dois exemplos.**

No final, Deus fará o que quiser na vida de seus filhos. A pergunta é: estaremos dispostas a nos unir a ele nessa obra, como Moisés fez, e experimentar sua liberdade e participar dos resultados gloriosos? Ou vamos lutar, resistir e ser um simples instrumento nas mãos de Deus como o faraó?

As histórias que estudamos revelam que, sem a intervenção de Deus, os seres criados por Deus acompanham a tendência de seu coração pecaminoso. O fato não muda quando estudamos o Novo Testamento. Continuamos a encontrar pecadores. Somos pecadoras. Mas, para nós, filhas de Deus, nosso coração é diferente. O sangue de Jesus nos libertou, nos purificou, nos renovou e incutiu em nós o amor profundo e permanente de Deus. Aquele que nos criou vive dentro de nós agora. Conduzindo, falando, convencendo e guiando.

03 **Com base no último parágrafo e nestes textos das Escrituras, por que o plano de Deus para redimir a humanidade é o único plano que tem poder para dar certo, o único plano que traz a verdadeira liberdade? (Atos 13:38-39; Romanos 8:1-4; Gálatas 5:22-26)**

Os Dez Mandamentos

Deus deu os Dez Mandamentos.

WENDY BLIGHT

LEITURA DE HOJE: ÊXODO 20

Deus falou todas estas palavras [...].
ÊXODO 20:1

O povo havia chegado ao monte Sinai. Deus disse a Moisés que preparasse e consagrasse o povo, porque em três dias ele desceria ao monte para falar com eles. No terceiro dia, mais de 2 milhões de pessoas aguardavam ansiosamente a chegada de Jeová, o Deus único e verdadeiro.

Uma nuvem espessa envolveu o monte. O monte tremeu violentamente e fumegou quando a voz de Deus *"falou todas estas palavras"* (Êxodo 20:1).

Que palavras Deus falou?

Ele falou os Dez Mandamentos.

A lei moral de Deus estava estabelecendo um novo e santo padrão para o seu povo viver. Lembre-se: Deus nos criou com anseios. Ele sabia que surgiriam circunstâncias que desviariam seu povo para anseios e afeições equivocados. Portanto, estabeleceu esses mandamentos para reconduzir o coração de seus filhos a ele.

Ao ler essa passagem ao longo dos anos, sempre vou direto aos Dez Mandamentos. Mas, enquanto me preparava para escrever esta lição, li as palavras introdutórias. Nunca havia prestado atenção nelas, mas são poderosas. Antes de enviar os Dez Mandamentos, ele falou estas palavras:

"Eu sou o SENHOR, o seu Deus, que o tirou do Egito, da casa da escravidão" (Êxodo 20:2).

Amiga, é dessas palavras lindas e cheias de graça que os outros mandamentos fluem. Deus enviou os Dez Mandamentos para trazer liberdade! Deus não resgatou seu povo da escravidão para sujeitá-los novamente a ela por meio de sua Lei. Nosso Deus amoroso e misericordioso não enviou seus mandamentos para confinar e sobrecarregar seu povo, mas para libertá-los a fim de que pudessem amar com mais intensidade e ter uma vida plena e abundante nele.

Quais são esses mandamentos?

(Leia Êxodo 20:1-17)

Os quatro primeiros mandamentos são verticais

(tratam de nosso relacionamento com Deus):

1

2

3

4

Os últimos seis são horizontais

(tratam de nosso relacionamento com as outras pessoas):

5

6

7

8

9

10

Deus não apenas falou essas palavras, como também as escreveu em tábuas de pedra para seu povo guardá-las como se fossem um tesouro. Mas esse tesouro torna-se melhor ainda no Novo Testamento! Com a morte e ressurreição de Jesus, as palavras que um dia foram gravadas apenas em pedra estão gravadas agora no coração de cada filho de Deus. No seu coração e no meu! Palavras vivas, ativas, penetrantes foram colocadas ali não apenas para nos ensinar, mas também para nos salvar, curar, abençoar, encorajar, equipar, proteger e guiar.

01 **Leia Jeremias 31:31-34. O que Jeremias diz que vai acontecer no futuro? Leia Hebreus 8:6-13. O que o autor de Hebreus diz aqui?**

Jeremias faz uma declaração profética ao povo de Deus sobre a chegada de uma aliança nova e diferente. Essa nova aliança, introduzida por Jesus, capacita os filhos de Deus — você e eu — a internalizar a Lei de Deus, amar a Lei e buscar obedecer a ela espontaneamente. A nova aliança não muda a lei moral estabelecida nos Dez Mandamentos. São padrões eternos e universais de justiça para o povo de Deus. Mas, agora, em vez de escritas em pedra, elas estão escritas em nosso coração para nos reconduzir ao que Deus tem de melhor para nós. E, graças às dádivas que recebemos do amor profundo e eterno de Deus e de seu Santo Espírito habitando em nós, temos um novo coração e um novo espírito que nos prepara completamente para cumprir cada mandamento em amor e com amor.

Leia João 14:15,21 e João 15:9-11.

02 **A pergunta para meditarmos no encerramento deste dia é: Damos o devido valor à Palavra de Deus? A Palavra inspirada por Deus. Além de ingeri-la, nós a digerimos? Passamos tempo com ela e a escondemos em nosso coração? Permitimos que ela nos forme e nos molde de dentro para fora, para que possamos andar na plenitude da preciosa nova aliança de amor que Deus nos deu por meio de Jesus?**

A vida de José é uma bela história de liberdade, redenção e perdão.

Quando os irmãos de José se apresentaram diante dele no Egito, ele tinha uma escolha a fazer: buscaria vingança ou reconciliação? José escolheu perdoar e abençoar, instalando sua família na melhor parte da terra.

Os israelitas se multiplicaram grandemente no Egito antes de se tornarem escravos e continuaram a multiplicar-se apesar da escravidão. Nosso estudo nos fez entender que, se o povo de Deus tivesse permanecido no lugar onde fora instalado, teria assimilado totalmente a cultura pagã.

É doloroso assumir as consequências de nossa desobediência e rebeldia. Mas, como mostram as leituras desta semana, Deus está sempre trabalhando, mesmo em nossos espaços e lugares complicados. Ele trabalha para o nosso bem e para que sua vontade soberana seja cumprida.

Deus levantou Moisés para libertar seu povo da escravidão. Na luta de Moisés com Deus sobre o chamado que recebeu para liderar seu povo, Deus deu a Moisés um novo nome para descrever a si próprio: EU SOU O QUE SOU. Com essa revelação, a fé e a confiança de Moisés aumentaram. Ele desviou o olhar daquilo que achava que não conseguiria fazer e dirigiu-o para aquilo que sabia que Deus era capaz de fazer. Ah, amiga, que lindo lembrete para nós! Quem somos não é tão importante quanto quem é Deus.

A fé de Moisés permitiu-lhe perseverar durante todas as pragas.

Depois de libertado, o povo encontrou o poder e a presença do Grande Eu Sou de uma forma extraordinariamente espetacular quando lhes entregou a Lei. Antes de dizer os Dez Mandamentos, um a um, Deus disse palavras belas e cheias de graça das quais todos os mandamentos fluem. Palavras de liberdade!

Deus enviou a Lei para trazer liberdade! Nosso Deus gracioso e misericordioso enviou sua Lei não para restringir e sobrecarregar, mas para libertar seu povo a fim de ter uma vida abundante e plena nele.

As palavras de Deus não permaneceram gravadas em pedra. Com a morte e ressurreição de Jesus, pelo poder do Espírito Santo, Deus gravou suas palavras no coração de cada um de seus filhos. Não para nos sobrecarregar e escravizar, mas para nos libertar.

Quando um escriba — um advogado nos dias de hoje — perguntou a Jesus qual dos mandamentos era o maior, Jesus, em vez de destacar um em detrimento de outro, define a essência da Lei de Deus. Ele disse estas palavras:

Jesus respondeu: "Ame ao Senhor, o seu Deus, com todo o seu coração, com toda a sua alma e com todo o seu entendimento". Este é o primeiro e maior mandamento. E o segundo é semelhante a ele: "Ame ao seu próximo como a você mesmo" (Mateus 22:37-39).

Jesus aprofundou-se até o âmago da Lei, o coração por trás da Lei: o amor. Reduziu o amor a duas partes. O amor vertical, a Deus, e o amor horizontal, aos outros. Ame a Deus com tudo o que você é e tem e ame ao seu próximo como a si mesmo. Quando amamos a Deus dessa maneira, a obediência ocorre naturalmente e colhemos frutos abundantes. O amor de Deus se manifestará de uma forma que nunca imaginamos ser possível.

Pai, eu te agradeço porque me libertaste

do poder das trevas para o reino da luz. Tu me libertaste da lei do pecado e da morte. Disseste que não sou mais uma escrava, mas tua filha. Portanto, hoje escolho viver nessa liberdade. Escolho não me amoldar a este mundo. Escolho não afundar nas trevas, mas andar confiantemente na Luz. Lanço a ti, o Grande Eu Sou, todas as minhas inseguranças, ansiedades, preocupações e medos. Escolho concentrar-me no que é verdadeiro, honesto, justo, puro e digno de louvor — tua Palavra, teu amor, tua esperança. Peço tudo isso em nome de Jesus. Amém.

Um ano de descanso foi prescrito por Deus, que é o símbolo do descanso eterno e da alegria em Cristo.
LEVÍTICO 25—26

O povo recebeu instruções sobre as ofertas.
LEVÍTICO 1

Foram dadas instruções para o Dia da Expiação, um símbolo notável da obra futura de Jesus.
LEVÍTICO 16

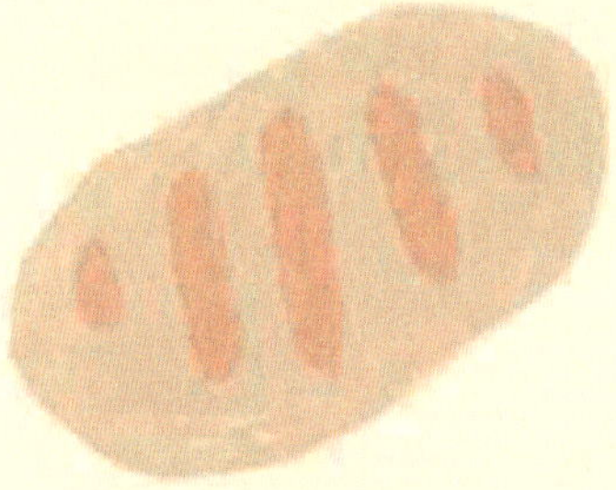

Os israelitas reclamaram a Deus sobre suas preferências alimentícias e foram disciplinados.
NÚMEROS 11

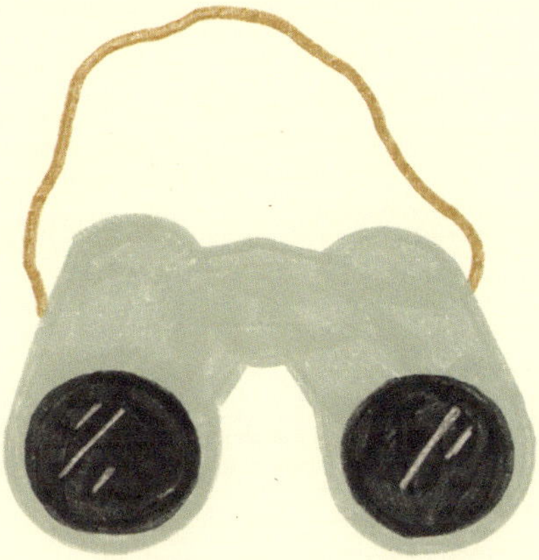

Os Dez Mandamentos
foram repetidos
à nova geração.
DEUTERONÔMIO 5—6

Espias foram enviados
à Terra Prometida, mas
somente Josué e Calebe
apresentaram um relatório
favorável, o que atrasou a
entrada na terra.
NÚMEROS 13—14

Como símbolo da futura
obra de Cristo na cruz,
foi erguido um poste com
uma serpente de bronze para
salvar os que olhassem para ela.
NÚMEROS 21:4-9
VEJA TAMBÉM
JOÃO 3:14-15

O próprio Deus escreveu novamente os Dez Mandamentos em novas tábuas de pedra.

DEUTERONÔMIO 10:4

anseio por segurança

3ª semana

JOEL MUDDAMALLE

Pare um pouco e pense no que a faz se sentir segura.

Para alguns de nós, é uma pessoa ou várias pessoas, como nossa família. Para outros, é o conforto e a familiaridade do lar. Para outros ainda, é o acesso a recursos ou objetos tangíveis que proporcionam uma sensação de estabilidade naquilo que quase sempre parece um mundo muito instável. O que estamos descrevendo é, em última análise, uma sensação de segurança. Após anos de insegurança no Egito, os israelitas certamente se agarraram à promessa de Deus de que ele lhes daria um lar, um lugar onde haveria *"leite e mel"* (Êxodo 3:17). E, ainda assim, depois do cativeiro no Egito, eles passaram grande parte do tempo andando a esmo e aguardando chegar à terra que Deus havia prometido.

Ao acompanhar a história dos israelitas, descobrimos que sua jornada rumo à Terra Prometida foi importante, talvez mais importante que a chegada à Terra Prometida. Por quê? Porque, ao longo do caminho, os israelitas aprenderam a confiar. Eles tinham de confiar na direção, proteção e provisão de Deus. Curiosamente, o Antigo Testamento usa cerca de dezenove palavras hebraicas diferentes para "seguro", "seguramente" e "segurança". A palavra mais comumente usada é *bā tàh,* que se refere a uma segurança ou confiança colocada em uma pessoa ou em objeto (2Reis 18:5).[5] Deus usou a jornada dos israelitas como uma oportunidade para aprenderem a confiar nele como seu Deus, que lhes proporcionava sustento e proteção. Essa foi uma lição importante para aprenderem antes de aproveitar a abundância na Terra Prometida. Depois disso, foi fácil para eles transferirem a confiança que tinham em Deus como sua fonte de segurança para cidades, muros, exércitos e reinos.

O rei Davi nos lembra de que Deus proporciona segurança para os que buscam refúgio nele:

Pois quem é Deus além do Senhor?
E quem é Rocha senão o nosso Deus?
É Deus quem me reveste de força
e torna perfeito o meu caminho.
Torna os meus pés ágeis como os da corça;
sustenta-me firme nas alturas

(2Samuel 22:32-34).

Ao examinar os textos da Escritura desta semana, vamos começar pensando em nossa jornada pessoal. Em quem ou em que encontramos segurança? O que acontece quando essas coisas falham? O teólogo e pregador Charles Spurgeon apresentou certa vez uma ilustração na qual um homem trancou todos os seus tesouros em um cofre e depois trancou a porta do cômodo onde o cofre estava, pensando que isso lhe daria segurança. No meio da noite, ele ouviu um som e correu para ver se um ladrão havia entrado e roubado seu tesouro. Destrancou a porta, abriu o cofre e viu que seu tesouro estava guardado e seguro. Trancou tudo de novo e voltou a deitar-se, mas ouviu outro barulho e achou novamente que era o ladrão. Isso aconteceu noite após noite, sem que ele conseguisse dormir. O que pensou que lhe daria segurança não surtiu o efeito desejado. Spurgeon contrastou essa ilustração com a segurança que o cristão encontra em Cristo: "A segurança do tesouro do cristão é diferente. Sua alma não [está] trancada a sete chaves para sua segurança. Mas ele transferiu tudo o que possui ao Rei eterno, imortal, invisível, ao único Deus sábio, nosso Salvador. E esta é a segurança que ele desfruta: o sono de quem é amado, descansando calmamente, pois tudo está bem."[6]

E se a jornada ou o deserto que estamos atravessando neste momento for um convite de Deus para colocarmos nossa segurança e confiança nele? Se enxergarmos nossa experiência através dessa lente, poderemos ter uma segurança que nos capacita a dormir profundamente durante a noite porque ela se fundamenta no conhecimento de que Deus está no controle e nada escapa de seu alcance. Portanto, tudo está bem.

Pela fé, uma gentia chamada Raabe ajudou os espias israelitas.
JOSUÉ 2

Deus deu aos israelitas a cidade de Jericó.
JOSUÉ 5—6

Ansiando por segurança, porém, sem levar em conta as advertências de Deuteronômio 20:16-20, a maioria dos reis cananeus, mas nem todos, foi derrotada por Israel.
JOSUÉ 12

A terra de Canaã foi novamente prometida a Josué como herança.
JOSUÉ 1:6

Deus deteve as águas do rio Jordão, para permitir que os israelitas o atravessassem para chegar a Canaã.
JOSUÉ 3

A terra foi dividida entre as tribos de Israel.
JOSUÉ 13—21

A Terra Prometida

A terra de Canaã foi novamente prometida a Josué como herança.

WENDY BLIGHT

LEITURA DE HOJE: JOSUÉ 1

Seja forte e corajoso, porque você conduzirá este povo para herdar a terra que jurei aos seus antepassados.

JOSUÉ 1:6

Às vezes, Deus nos chama para realizarmos tarefas que parecem muito além de nossos dons e habilidades. Eu me pergunto se foi assim que Josué se sentiu quando Deus o chamou para receber a herança prometida e instalar-se em Canaã, a Terra Prometida.

01 **Leia Deuteronômio 12:10. O que Deus prometeu dar a seu povo tão logo ele entrasse na terra prometida como herança?**

Os israelitas não tinham ideia de quanto eram importantes e preciosas aquelas promessas de descanso e segurança que eles teriam nos anos seguintes. Lembre-se: o povo de Deus viveu como escravo no Egito por quatrocentos anos; portanto, o Egito representava escravidão e cativeiro.

A exigência de Deus para Israel receber sua herança, e o descanso em Canaã que a acompanhava, foi confiar em Deus e em suas promessas. Infelizmente, aquela primeira geração de israelitas libertados da escravidão não recebeu a herança prometida porque não confiou totalmente em Deus, portanto Deus impediu o povo de desfrutar do descanso e da abundância dos frutos que os aguardavam na Terra Prometida.

Chegou o momento de Josué conduzir a segunda geração do povo de Deus para atravessar a fronteira e receber sua herança abençoada. Entrar em Canaã e desfrutar do descanso naquela terra — as bênçãos de liberdade e descanso de todos os seus inimigos.

02 **Leia Josué 3:9-17. O que aconteceu nessa história? Qual foi o milagre?**

Que dia glorioso! O povo recebeu o que Deus prometera quatrocentos anos antes de acontecer.

Quer mais notícias boas? Deus prometeu que o descanso não terminaria em Canaã. Não terminou para os israelitas. Nós também temos uma promessa de descanso. Uma promessa que é maior e melhor graças a Jesus.

O autor de Hebreus escreve: "[...] *nos foi deixada a promessa de entrarmos no descanso de Deus* [...]" (Hebreus 4:1).

Amiga, este dia revela outro anseio que Deus sabia que seu povo precisaria ter satisfeito: o anseio por paz e segurança e para que nossa alma descanse. O descanso físico prometido a Israel na Terra Prometida é uma representação do descanso espiritual que encontramos em Jesus quando entregamos nossa vida a ele. Jesus nos dá a paz *"que excede todo o entendimento"* (Filipenses 4:7). Essa paz vem de uma fonte que não é encontrada deste lado do céu. É o fruto celestial do Espírito de Deus, que passa a viver em nós quando convidamos Jesus para ser o nosso Senhor e Salvador (Gálatas 5:22).

Como isso funciona? Exatamente como os israelitas, somos escravas também. Escravas do pecado e da morte. Somente quando reconhecemos nosso pecado, o confessamos e entregamos nossa vida a Cristo é que podemos desfrutar do descanso prometido por Jesus e de sua paz sem igual.

O autor de Hebreus dá um aviso ao povo de Deus a respeito dessa promessa de descanso. Ele escreve: "[...] *para que nenhum de vocês pense que falhou em alcançá-la*" (Hebreus 4:1).

Amiga, assim como os nossos irmãos israelitas, devemos confiar totalmente em Deus e em suas promessas para desfrutarmos do nosso descanso. Observe os milagres que acontecem se confiarmos nele: primeiro, quando entregamos nosso coração, mente e corpo a Jesus, Deus nos dá o direito de estar com ele por meio do sangue de seu Filho, Jesus. Esse perdão, essa libertação do pecado e da morte, nos dá paz com Deus. Este é o descanso proporcionado pela salvação... paz com Deus.

Segundo, no momento da salvação, Deus nos sela com seu Espírito. Significa que o Espírito do Deus vivo passa a habitar em nós. E, com seu Espírito, recebemos o fruto de seu Espírito. Essa é a paz de Deus.

03 **Leia Gálatas 5:22-23. Relacione o fruto do Espírito.**

Você notou que uma evidência do fruto do Espírito é paz? Isso torna a salvação um dom duplo: recebemos paz com Deus e a paz de Deus. A paz de Deus é a paz que excede todo o entendimento. A paz que guarda nosso coração e mente. A paz que o mundo não pode dar. A paz que é o nosso descanso prometido.

04 **Leia Mateus 11:28-30. O que essa passagem diz sobre descanso? O que ela fala ao seu coração?**

Como filhas de Deus, temos o conforto de saber que temos o descanso da salvação — paz com Deus. Esse descanso garante que passaremos a eternidade com Jesus. Mas também temos paz hoje — a paz de Deus. Não deixemos de viver com confiança na vida de paz, frutífera e abundante que Jesus nos oferece.

O que a impede de experimentar o descanso de Deus hoje?

Reserve um momento para fazer esta oração.

Aba, Pai, tua Palavra promete

que correntes de água viva fluirão do coração daqueles que creem em ti. Dessa água viva fluem paz e descanso. Entregamos nosso coração a ti. Somos tuas filhas compradas com sangue. Nosso nome está gravado na palma de tua mão por toda a eternidade.

Pai, temos sede. Desejamos que essa água viva flua em toda a sua plenitude em nós hoje e todos os dias. Enche-nos de novo neste momento. Enche-nos até transbordarmos com a paz, o descanso, a esperança e a alegria que existem em ti simplesmente porque nos chama de tuas filhas.

Conduz-nos a águas tranquilas. Restaura nossa alma cansada. Sustenta-nos nestes tempos difíceis. Que possamos DESCANSAR e nos REFUGIAR em ti e somente em ti. Mantém-nos em SEGURANÇA sob a sombra de tuas asas.

Ajuda-nos a saber que estás perto. Dá-nos ouvidos para ouvir teus sussurros suaves. Acalma nossa alma em meio ao estresse e tensão que cada dia apresenta. Capacita nossa alma que acalmaste a levar cativa a nossa mente dispersa e centralizá-la na Verdade e somente na Verdade.

E, Jesus, que és o Rei dos reis e Senhor dos senhores, lembra-nos do que há de vir. O dia em que receberemos a coroa da vida. O dia em que comeremos para sempre do fruto da árvore da vida. O dia em que estaremos fisicamente no paraíso contigo e com nosso *Aba*, Pai... em tua presença... adorando e reinando contigo em glória (2Timóteo 2:11-13).

Nós te amamos, Senhor, e pedimos tudo isso no nome mais precioso e glorioso de Jesus. Amém.

É muito difícil andar na plenitude dessa paz, mas ela é nossa em Cristo! Portanto, vamos permitir que a paz se instale em nosso coração, e, quando o medo, a preocupação e a ansiedade levantarem sua cabeça horrível, permita que sua alma tranquila comande seus pensamentos dispersos. Diga ao Diabo que você não aceitará suas mentiras. Diga-lhe que Jesus morreu por você, para que você possa caminhar totalmente na herança prometida por ele e caminhar com segurança na paz que excede todo o entendimento. Totalmente naquele que é o seu Príncipe da Paz.

Juízes

O Senhor levantou juízes em Israel para satisfazer os anseios do povo por segurança contra seus inimigos, mas Israel não deu ouvidos aos seus juízes.

WENDY BLIGHT

LEITURA DE HOJE: JUÍZES 2

Sempre que lhes levantava um juiz, o SENHOR estava com o juiz e os salvava das mãos dos seus inimigos enquanto o juiz vivia, pois o SENHOR tinha misericórdia por causa dos gemidos deles diante daqueles que os oprimiam e os afligiam. Quando, porém, o juiz morria, o povo voltava a se corromper ainda mais do que os seus antepassados, seguindo outros deuses, prestando-lhes culto e adorando-os. Recusavam-se a abandonar as suas práticas e o seu caminho obstinado.

JUÍZES 2:18-19

Pecado. O povo de Deus lutou na época, e nós lutamos hoje, com o problema do pecado. Quer ele seja deixado de lado, quer seja escondido, quer seja exposto, um dia teremos de confrontá-lo. Essa verdade se revela diante de nossos olhos no livro de Juízes. Josué morreu, e surgiu uma nova geração que não havia testemunhado os milagres e a provisão de Deus. Ao longo de Juízes, vemos essa nova geração do povo de Deus pecar. Esse pecado resulta em um ciclo perigoso. Primeiro, eles abominam o pecado. Depois, permitem o pecado. E, depois, toleram o pecado. Por fim, aceitam o pecado. O pecado tem um apetite maligno (Tiago 1:13-16). O desejo do povo daquilo que Deus restringia transformou-se em afronta e rebelião, que resultaram em consequências devastadoras.

Esse tipo de comportamento não mudou. Continuamos a sucumbir ao pecado e à tentação hoje. Às vezes, preferimos culpar Satanás por nossas escolhas pecaminosas. E, sim, Satanás nos tenta. Mas suas tentações só têm sucesso por causa de nossa natureza pecaminosa, uma natureza que corrompe nossos desejos dados por Deus e nos afasta das coisas boas de Deus — a segurança, a paz, a bondade e a esperança que encontramos somente nele.

João Calvino, teólogo do século 16, disse apropriadamente: "A Escritura afirma que aqueles de conduta reprovável são entregues às concupiscências depravadas; mas é porque o Senhor deprava ou corrompe o coração deles? De modo nenhum. O coração deles está sujeito às concupiscências depravadas, porque já são corruptos e perversos."[7]

Quando lemos essas histórias, é difícil entender como Deus permanece fiel ao seu povo e ver que a fidelidade de Deus raramente é retribuída. O povo de Deus pecava continuamente aos olhos do Senhor. Essa infidelidade acarretou graves consequências.

Em Juízes 2, temos um vislumbre dessas consequências.

01 **Leia Juízes 2:1-4,16-23. O que o anjo do Senhor fez o povo lembrar? Como o povo desobedeceu? Quais foram as consequências?**

02 **Em que ponto você se encontra no ciclo do pecado? Abomina, permite, tolera, aceita? Existe algum pecado com o qual você sabe que Deus quer que você lide, mas você não leva em consideração?**

As histórias em Juízes ensinam que a desobediência produz graves consequências. Os padrões de Deus não mudam com o tempo. Nos também enfrentamos consequências quando desobedecemos aos mandamentos de Deus e não confiamos nele e em sua Palavra. Em Juízes 2, Deus se afastou do povo e deixou de protegê-lo.

Mas Deus é Deus! Ele nunca se esquece de seus filhos. Deus declarou novamente seu compromisso de manter a aliança que fez com Abraão, Isaque e Jacó. Houve consequências, sim, mas Deus permaneceu fiel à sua Palavra.

03 **Deus é nosso Juiz, mas é também o nosso Deus que mantém sua aliança. Ao ler estas palavras de Deus, o que elas significam para você: "Jamais quebrarei a minha aliança com vocês"? (Juízes 2:1)**

Satanás traça estratégias dia e noite para roubar segurança eterna que encontramos somente em Cristo. Ele quer nos convencer de que, se cedermos e seguirmos nossos desejos corrompidos, teremos a segurança que tanto queremos, bem como a vida boa e a abundância pelas quais ansiamos. Isso é mentira! Quando confrontadas com as mentiras de Satanás, devemos nos lembrar destas palavras de Jesus no livro de João:

"O ladrão vem apenas para roubar, matar e destruir; eu vim para que tenham vida e a tenham plenamente."

JOÃO 10:10

Que essas palavras se infiltrem eu seu coração enquanto você pensa na resposta à pergunta do ciclo do pecado no item 2. Passe um tempo com Deus hoje. Exponha seu pecado diante dele. Ore e peça perdão e força para afastar-se do pecado e voltar para Jesus.

Amiga, há uma fórmula para libertar-se da escravidão do pecado. É necessário reconhecer o pecado, arrepender-se dele, afastar-se dele e mudar o comportamento. Minha oração para nós hoje é que coloquemos humildemente nossos anseios e desejos nas mãos de nosso Deus amoroso e cheio de graça e o convidemos para transformar nosso coração e alinhá-lo ao dele. E depois vamos aguardar ansiosamente a vida segura, rica e abundante que ele tem para nós após esta jornada aqui na terra.

Reis

Os israelitas pediram um rei a Deus, e Deus disse que isso era uma rejeição a ele.

WENDY BLIGHT

LEITURA DE HOJE: 1SAMUEL 8

— *Naquele dia, clamarão por causa do rei que vocês mesmos escolheram, mas o* SENHOR *não os ouvirá.*

1SAMUEL 8:18

Em 1Samuel 8, as autoridades de Israel exigiram que Samuel, o profeta de Deus, lhes desse um rei. Até então, Israel nunca teve reis porque Deus era o seu Rei. Mas, à medida que a população aumentava, os israelitas queriam um rei como viam nas nações incrédulas que os cercavam (as nações que não adoravam ao Deus único e verdadeiro). Os israelitas achavam que um rei terreno lhes traria a segurança, o poder, o reconhecimento e o respeito que eles tanto almejavam.

Samuel, zangado e desgostoso com o pedido, orou a Deus. O Senhor confortou Samuel com estas palavras: "[...] *não foi a você que rejeitaram; foi a mim que rejeitaram como rei. Como fizeram comigo desde o dia em que os tirei do Egito até hoje, abandonando-me e prestando culto a outros deuses, assim estão fazendo com você*" (1Samuel 8:7-8).

Deus ordenou a Samuel que avisasse o povo sobre os atos terríveis que o rei que estavam pedindo cometeria contra eles. Samuel disse a eles em 1Samuel 8:10-18 que esse rei exigiria muito deles e que tomaria tudo o que lhes era precioso. O que os israelitas não sabiam era que Deus sempre pretendeu que um dia eles tivessem um Rei, um bom Rei, mas Deus queria enviar esse Rei em seu tempo e a seu modo.

01 **Como o povo reagiu ao aviso de Samuel? (1Samuel 8:19-20)**

02 **O que Deus pediu que Samuel fizesse? (1Samuel 8:22)**

03 **A rejeição do povo a Deus como seu Rei é realmente profética. Leia João 19:1-16 e explique o que está acontecendo ali. Quem foi rejeitado como Rei?**

04 **O que a Escritura nos diz a respeito desse Rei? (Mateus 28:18; Filipenses 2:5-11; Hebreus 1:1-4)**

Deus tinha um plano melhor. Deus sabia que um Rei melhor estava chegando. Um Rei que satisfaria todos os anseios e desejos do povo. Um Rei que satisfaria todas as suas necessidades. Um Rei que supriria todas as suas necessidades. Deus sabia que aquele cujo nome é Rei dos reis e Senhor dos senhores estava vindo (Apocalipse 19:16). A estrutura literária de "Rei dos reis" e "Senhor dos senhores" significa mais que instituir uma posição de realeza. Indica a segunda vinda de Jesus e a supremacia de Jesus como único Rei. Um Rei no sentido mais alto possível da monarquia. Jesus não apenas reina agora, mas só ele reinará e governará como Rei e Senhor de toda a terra por toda a eternidade! (Atos 1:10-11)

Saul

Deus levantou Saul para ser rei, e Saul não buscou a Deus.

WENDY BLIGHT

LEITURA DE HOJE: 1SAMUEL 9

— Amanhã, por volta desta hora, enviarei a você um homem da terra de Benjamim. Você o ungirá como líder sobre o povo de Israel; ele os libertará do poder dos filisteus. Eu tenho contemplado o meu povo, pois o seu clamor chegou até mim.

1SAMUEL 9:16

Apesar de Israel ter rejeitado Deus como seu rei... apesar de não confiarem na direção, proteção e provisão de Deus... Deus permaneceu no controle. Ele ainda os segurava na palma de sua mão. Deus não abriu mão de seu reinado eterno só porque os israelitas o rejeitaram (1Samuel 8:7). Ao contrário, deu-lhes o rei terreno que eles exigiram. Um rei com muitas falhas. O tipo de rei sobre quem Samuel havia avisado.

Samuel apresentou Saul, o primeiro rei dos israelitas, em 1Samuel 9:1-2, descrevendo-o como *"guerreiro valente"* e *"jovem de boa aparência, sem igual entre os israelitas; os mais altos batiam nos seus ombros."*

O povo de Deus admirava Saul, não por seu caráter, mas por sua aparência exterior e postura. Saul se encaixava no desejo carnal do povo de ter um rei semelhante ao dos vizinhos pagãos com quem eles queriam tanto se parecer. Novamente, o povo de Deus não estava à procura de segurança em Deus, mas nas coisas deste mundo — aparência exterior, poder e prestígio.

Deus confirmou a designação de Saul como primeiro rei de Israel com uma unção, três sinais e poder do Espírito Santo. A unção de Saul foi um símbolo exterior do que estava sendo feito interiormente.

Vamos passar alguns minutos estudando a unção e o óleo da unção.

01 **Leia Êxodo 30:22-33. O que você aprendeu sobre o óleo da unção?**

O óleo era usado no Antigo Testamento para separar sacerdotes, profetas e reis para o serviço a Deus. Depois que ungiu Saul, Deus derramou seu Espírito sobre Saul a fim de separá-lo para a atribuição de ser o primeiro rei de Israel.

02 **Quem mais recebeu o Espírito de Deus no início de seu ministério? Leia Lucas 3:21-23.**

03 **Quem mais recebeu o Espírito de Deus? (João 14:15-18,25-26; Efésios 1:13-14)**

Aleluia! Obrigada, Jesus, por nos dar teu Espírito da Verdade para nos encher, encorajar, liderar, guiar e ensinar.

Inicialmente, parecia que a coroação de Saul por Deus o tornou humilde. Saul teve muitos sucessos, e Deus abençoou sua humildade e obediência.

A humildade de Saul não durou muito. Logo ele começou a tomar as rédeas da situação. Em certa ocasião, inseguro com o papel de Deus em seu reinado e sentindo medo e pânico, Saul desobedeceu às instruções específicas de Samuel a respeito do momento certo para a batalha. Em vez de confiar e aguardar o tempo de Deus, Saul ofereceu sacrifícios para apressar um pouco mais a batalha, infringindo diretamente a Lei de Deus que reservava essa função aos sacerdotes.

Samuel deu a Saul a oportunidade de confessar e arrepender. Em vez de humilhar-se, Saul apresentou uma desculpa atrás da outra para justificar sua desobediência. Esse foi apenas o começo dos problemas de Saul, e Deus sabia disso. O coração do rei estava longe do coração de Deus. Ele escolheu repetidas vezes fazer o que era certo aos seus olhos, não aos olhos de Deus. Samuel repreendeu severamente Saul: *"Você agiu como tolo, desobedecendo ao mandamento que o SENHOR, o seu Deus, ordenou a você; se tivesse obedecido, ele teria estabelecido para sempre o seu reinado sobre Israel"* (1Samuel 13:13).

04 **Leia Samuel 13:13. O que Samuel disse a seguir?**

A palavra "tolo" aqui não significa simplesmente uma tolice infantil. Significa falta moral e espiritual. Embora esse ato de desobediência pareça insignificante, Deus olhou dentro do coração de Saul. Ele era um homem que queria agradar a Israel e o povo de Deus mais do que agradar a Deus. Vemos aqui mais um exemplo de anseios equivocados. Saul ansiava por aprovação, poder e autoridade e procurava isso em lugares errados. Olhou para o homem em vez de olhar para Deus em cada um desses anseios. Por causa disso, perdeu tudo, até mesmo a vida.

05 **De acordo com Samuel, que atributo Deus estava procurando no próximo rei? (1Samuel 13:14)**

Embora Saul tenha reinado por mais vinte anos, seu reino nunca mais foi o mesmo. Samuel garantiu-lhe que seu reino estava terminado, não continuaria (1Samuel 13:14).

Apesar de o reinado de Saul ter chegado ao fim, havia esperança para o povo de Deus. Deus não havia rejeitado Israel. Não os havia abandonado. Ele os amava com amor eterno. Levantaria outro rei. Um rei melhor. Um rei segundo o coração dele. Um coração que refletisse seu reino e o Rei que viria: Jesus. Não um coração perfeito. Mas um coração que se dispusesse a confiar em Deus e obedecer a ele.

Davi

Samuel ungiu Davi para substituir Saul como rei, o que, com o passar do tempo, provocou a divisão de Israel.

WENDY BLIGHT

LEITURA DE HOJE: 2SAMUEL 5

Então, todas as autoridades de Israel foram ao encontro do rei Davi em Hebrom, onde o rei fez um acordo com elas diante do SENHOR. Assim, ungiram Davi rei de Israel.

2SAMUEL 5:3

Hoje vamos conhecer Davi, o homem segundo o coração de Deus.

Em 2Samuel 5, o plano de Deus para que Davi ocupasse seu lugar legítimo como rei de Israel foi cumprido.

Vamos fazer uma pausa e refletir como esse dia foi solene. Quinze anos haviam se passado desde que Samuel ungira Davi como futuro rei (1Samuel 16:6-13). Davi passou a maior parte daqueles anos fugindo, para não ser morto pelo rei Saul, talvez se perguntando se um dia seria rei de Israel.

Após a morte trágica de Saul e Jônatas, chegou o momento de Davi ocupar o trono.

Há algo bastante notável a respeito de Davi que fornece mais evidências do motivo pelo qual Deus o escolheu para ser o próximo rei de Israel. Em vez de comemorar os fracassos épicos de Saul e sua morte horrível, Davi chorou (2Samuel 1:11-12). E nesse choro Davi compôs um belo lamento em homenagem a Saul e Jônatas, revelando seu grande coração terno, perdoador e formoso.

01 **Leia o lamento de Davi em 2Samuel 1:17-27. O que levou Davi a reagir dessa maneira pela morte de Saul? Concentrar-se no que é bom e no amor em vez de dizer palavras de ódio e amargura? O que distinguia o coração de Davi do coração de Saul? (1Samuel 13:13-14)**

02 **Leia as passagens a seguir e compartilhe o que significa ter um coração segundo o coração de Deus: Salmos 51 (escrito por Davi depois que Natã o confrontou sobre seu adultério com Bate-Seba), Salmos 34:1-3 (escrito por Davi), 2Samuel 21:1, 2Reis 23:23-25; 2Crônicas 16:9; João 14:15; Atos 13:22.**

03 **Que instrução Deus deu a Samuel quando ele escolheu o rei que seria o sucessor de Saul? (1Samuel 16:7)**

No início, Davi governou apenas uma parte de Israel, a casa de Judá, porque o comandante do exército de Saul proclamou Is-Bosete, filho de Saul, rei de Israel. Seu reinado durou sete anos. Nesses anos, Davi se fortaleceu, ao passo que o filho de Saul enfraqueceu cada vez mais.

Com o tempo, e depois de muitas lutas e batalhas, as tribos de Israel aceitaram Davi e concordaram que ele deveria ser rei. Naquela época, todas as doze tribos estavam unidas de novo, como foram no reinado de Saul. Samuel relata que Davi tinha 30 anos de idade quando ocupou o trono.

04 **Quem mais tinha 30 anos quando iniciou seu ministério? Leia Lucas 3:23.**

05 **Leia 1Crônicas 12:23-39 para ter uma descrição maravilhosa desse dia monumental na história de Israel. Essa passagem a faz lembrar-se de outro dia de coroação e grande festa que aconteceriam? (Isaías 25:6-9)**

Uma de minhas partes favoritas da história de Davi é como esse jovem pastor, menosprezado e rejeitado por tanta gente, foi escolhido e designado por Deus para ser o rei terreno que lideraria seu povo.

A rejeição é cruel, mas ela não precisa nos destruir. Quando colocamos nossos anseios e desejos inteiramente nas mãos de Deus, a rejeição torna-se um dom. Deus a usa para nos moldar em homens e mulheres que ele planejou. A jornada de Davi desde jovem pastor até rei apresenta verdades e promessas poderosas às quais podemos nos agarrar hoje e todos os dias.

O rei Davi nos lembra que somente Deus proporciona a segurança pela qual tanto ansiamos. Ele a apresenta àqueles que buscam refúgio em Deus:

"Pois quem é Deus além do Senhor?
E quem é Rocha senão o nosso Deus?
É Deus quem me reveste de força
e torna perfeito o meu caminho.
Torna os meus pés ágeis como os da corça;
sustenta-me firme nas alturas."

2SAMUEL 22:32-34

Essa caminhada por Josué, Juízes e 1 e 2Samuel, embora seja às vezes difícil de ler, oferece-nos grande encorajamento a respeito do caráter de nosso Deus.

No decorrer dessas histórias, conhecemos o amor incondicional de Deus, sua paciência infinita e fidelidade contínua para vigiar e proteger seu povo. Sim, houve punição e consequências. Mas, no final, Deus levou seu povo à terra prometida como herança, a um lugar de proteção, segurança e descanso, e deu-lhes um rei bondoso para liderá-los.

Deus faz o mesmo conosco hoje. Porque o nosso Deus é o mesmo ontem, hoje e sempre. Ele continua a ser amoroso, paciente, fiel e digno de confiança. Nossa jornada torna-se muito mais fácil quando andamos bem perto de Jesus, alinhando nosso coração, nossos anseios e nossos sonhos com os dele. Quando andamos na plenitude de seu amor, misericórdia e graça.

Reserve alguns minutos para assimilar as verdades e promessas da coluna à direita. Permita que elas se infiltrem eu seu coração e em sua mente. Lembre-se de que provêm do coração do Deus que a criou, a formou e a moldou e tem seu nome gravado na palma da mão dele.

Deus é fiel.

Deus é soberano.

Nada pode frustrar seus planos.

Seus planos são sempre bons, mesmo quando não podemos vê-los.

Deus nunca deixará você nem a abandonará.

Você está atravessando um vale ou andando a esmo no deserto, querendo saber o que Deus está fazendo ou se a ouve ou a vê? Vamos declarar essas verdades e promessas juntas sobre a situação em que você se encontra hoje.

Deus, eu te agradeço porque és soberano

e estás acima das circunstâncias nas quais me encontro hoje. Obrigada pela história de Davi, que me mostra que nada pode frustrar teus planos. Tu és fiel. Teus planos são sempre bons, embora eu nem sempre consiga vê-los. Sinto-me confortada por saber que não me deixarás nem me abandonarás. Encontro segurança em ti e somente em ti porque só tu és digno de confiança. Comprometo-me neste momento a confiar em ti e amar-te de todo o meu coração. Oro em nome de Jesus. Amém.

O Senhor levantou juízes em Israel para satisfazer o anseio do povo por segurança contra seus inimigos, mas Israel não deu ouvidos aos seus juízes.
JUÍZES 2:18-19

Gideão protegeu os israelitas dos reis de Midiã.
JUÍZES 6—8

Sansão libertou os israelitas dos filisteus.
JUÍZES 13—15

Boaz casou-se com Rute e é um símbolo de Cristo, nosso parente resgatador.
RUTE

Os israelitas pediram um rei a Deus, e Deus disse que esse pedido era uma rejeição a ele.
1SAMUEL 8:7-18

Deus levantou Saul para ser rei, mas Saul deixou de buscar a Deus.
1SAMUEL 9:16

Davi foi ungido rei para substituir Saul, que, com o passar do tempo, provocou a divisão de Israel.
2SAMUEL 5:3

Davi escreveu grande parte dos poemas e cânticos que conhecemos como salmos.
VEJA PRINCIPALMENT
SALMOS 8,19,23,5
103,139.

anseio por resgate

4ª semana

JOEL MUDDAMALLE

Um dos momentos mais estressantes quando estamos dirigindo um veículo é ouvir o som da sirene de uma ambulância ou de uma viatura da polícia atrás de nós.

Enquanto nos desviamos para dar passagem, algumas indagações surgem em nossa mente: Para onde vão estes socorristas? Quem necessita de ajuda? Às vezes, oramos por aqueles que precisam de ajuda e esperamos que o problema não seja grave. Ou queremos saber o que a pessoa em perigo está sentindo. Os segundos parecem tornar-se horas enquanto alguém aguarda, no ponto mais crítico do problema, desejando ardentemente que o resgate esteja a caminho.

Embora a maioria de nós não saiba ao certo como ajudar em emergências traumáticas, somos gratos por aqueles que foram treinados para oferecer a verdadeira ajuda necessária. Os socorristas colocam-se conscientemente no caminho do perigo porque são atraídos por um ímpeto maior do que o de se proteger. São atraídos pela realidade de que há alguém precisando desesperadamente de resgate. De alguma forma, a necessidade de ser resgatado é um sentimento não muito bem aceito. Se dizemos que precisamos de resgate, estamos admitindo que há um problema que não podemos resolver sozinhos. Portanto, desconhecemos praticamente o significado da palavra "resgate", a não ser quando mais precisamos dele. Então, o resgate passa a ser uma dor urgente para a qual esperamos uma solução. Ao longo da Bíblia, o povo de Deus estava continuamente carente de resgate. Na maioria das vezes, isso ocorria porque eles se colocavam no ponto mais crítico do problema tentando satisfazer o desejo profundo de sua alma que só poderia ser verdadeiramente satisfeito por Deus.

A sensação de querer ser resgatado de nossos problemas é uma experiência humana comum que data dos tempos bíblicos. Em 1Reis 17, o profeta Elias sentiu a necessidade de resgate. Estava enfrentando perseguição e também sofrendo as consequências de uma seca na terra, provocada pela maldade do rei Acabe. O anseio básico de Elias por alimento e proteção física lhe foi dado por Deus, que enviou o profeta ao riacho de Querite para que ele recebesse alimento dos corvos e água do riacho. Um padrão que geralmente encontramos quando se trata do resgate de Deus é que muitas vezes o resgate tem um propósito diferente daquilo que parece óbvio. Deus resgatou Abraão para que ele fosse um agente de resgate e uma bênção para as nações (Gênesis 12:2). Deus resgatou Elias para que ele, por sua vez, pudesse ser um agente de Deus para mostrar a tolice da idolatria e a supremacia da divindade de Deus (1Reis 18). Nos livros de 1 e 2Reis e nos livros dos profetas, que terminam com Malaquias, vemos Deus intervir em favor de seu povo, que muitas vezes se encontra no meio de um problema, ansiando por resgate. No entanto, todos os reis e profetas apontam para o resgate final e definitivo que só viria em Jesus e por meio de Jesus, o Filho de Deus, o resgatador e redentor da humanidade.

As imagens dos problemas encontrados no Antigo Testamento — desde a opressão do faraó até o deserto e o exílio — são sombras do maior de todos os males: o pecado e sua arma, a morte. Quando vasculhamos a causa de cada sentimento de ansiedade que temos, suas raízes podem estar no medo do desconhecido, medo da morte ou medo de não sermos capazes de controlar as outras pessoas ou as circunstâncias. Em razão de nosso problema pessoal com o pecado, Deus enviou seu Filho, Jesus, com a missão de resgatar a humanidade. Aqui na terra, Cristo derrota o maior inimigo — o pecado — na cruz e, ao fazer isso, desarma o poder do Inimigo, que é a morte, e lembra-nos de que Deus está definitivamente no controle. E, quando confiamos nele, temos segurança maior do que aquilo que enfrentamos. A obra consumada de Cristo na cruz é a resposta para a segurança, provisão e proteção que nossa alma dolorida tanto anseia.

Não temos de viver na incerteza nem ficar ansiosos ou com medo.

Nosso resgate é certo — aqui na terra ou não. Nosso lar eterno está preparado, e tudo o que enfrentamos temporariamente durante esta vida será insignificante quando comparado a ele. Isso, porém, não elimina o sofrimento que enfrentamos agora, mas certamente nos ajuda a entender que nem sempre será assim. A maior angústia que o ser humano enfrenta aqui na terra não é o sofrimento. É a sensação de que o sofrimento é inútil e nunca vai melhorar.[8] Felizmente, temos a esperança de uma alegria futura que é inabalável:

Ele enxugará dos seus olhos toda lágrima. Não haverá mais morte, nem aflição, nem choro, nem dor, pois as coisas antigas já passaram (Apocalipse 21:4).

O que o Deus Pai faz por nós por meio do Deus Filho é um modelo para o que você e eu somos chamados a fazer no poder do Espírito de Deus que habita em nós. Assim como Cristo fez, devemos mergulhar nas situações difíceis da humanidade, a fim de levar as boas-novas da nova vida em Jesus àqueles que estão passando por problemas sérios. Da mesma forma que os socorristas correm em direção ao perigo que os espera porque são movidos por um bem maior, devemos correr em direção àqueles que estão prostrados e devastados, pois carregamos o evangelho de um grande Deus.

Norte

NADABE ELÁ ONRI ACAZIAS

JEROBOÃO I BAASA ZINRI ACABE JORÃO

Divisão do reino

DAVI SALOMÃO

930 a.C.

ROBOÃO ASA JEORÃO ATALIA

ABIAS JOSAFÁ ACAZIAS JOÁ

Sul

Israel

EÚ JOÁS ZACARIAS MENAÉM PECA

JEOACAZ JEROBOÃO II SALUM PECAÍAS OSEIAS

Queda de Samaria

722 a.C.

AMAZIAS JOTÃO EZEQUIAS AMOM JEOACAZ JECONIAS

UZIAS ACAZ MANASSÉS JOSIAS JEOAQUIM ZEDEQUIAS

Judá

O rei Asa, em Judá, renovou a aliança com o povo de Deus.
2CRÔNICAS 14—16

Salomão, filho de Davi, foi ungido rei e construiu o templo.
1REIS 1:39;6

Salomão escreveu Eclesiastes, Cântico dos Cânticos e grande parte de Provérbios.

Durante os reinos corruptos de Acabe e Acazias no Reino do Norte, Israel, Deus ministrou por intermédio de Elias e Eliseu para liderar a luta pela justiça.

2REIS 2

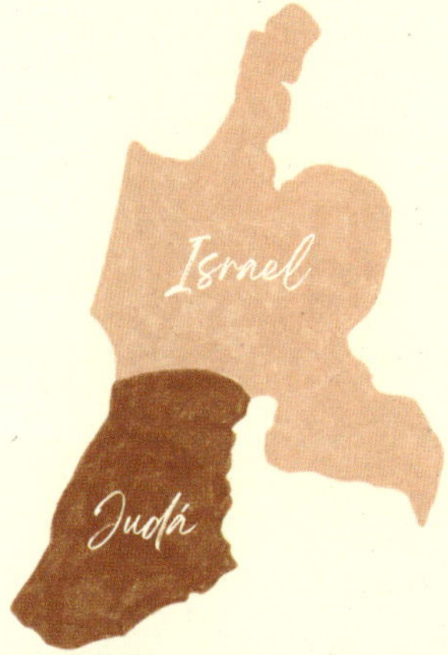

Israel foi dividido entre o Norte e o Sul.
1REIS 12:19

O rei Josafá, de Judá, confiou em Deus.
2CRÔNICAS 20

O profeta Oseias disse que Deus chamaria um povo de *"Filhos do Deus vivo"* que antes era chamado de *"Não meu povo"*.
OSEIAS 1—4

O profeta Amós condenou os subornos e os maus-tratos infligidos aos pobres.
AMÓS 3—5

O rei Ezequias, de Judá, confiou em Deus.
2CRÔNICAS 29—32

O rei Josias, de Judá, renovou a aliança com o povo de Deus.
2REIS 23

O profeta Isaías disse que há um julgamento vindouro para o cego Israel e um resgate por meio do Servo Sofredor.
ISAÍAS 1—2,6,53

O profeta Miqueias encarregou Judá de fazer justiça e andar humildemente.
MIQUEIAS 1—2; 6:8

O profeta Sofonias disse que o "dia do Senhor" estava próximo.
SOFONIAS 1

Deus teve compaixão dos assírios por intermédio do profeta Jonas.
JONAS

O profeta Jeremias disse que Jerusalém seria destruída por causa da desobediência de Israel.
JEREMIAS 1—5

Ezequiel teve visões da presença de Deus deixando o templo e também de uma futura ressurreição do povo de Deus.
EZEQUIEL 1—3,18,33

O profeta Joel advertiu o povo a se afastar do pecado e voltar para Deus. Ele predisse que um dia o Espírito de Deus seria derramado sobre todos os povos.
JOEL 2

O povo de Israel lamentou a destruição de sua cidade santa, Jerusalém.
LAMENTAÇÕES

Habacuque profetizou que a Babilônia julgaria Judá, mas que o justo viveria pela fé.
VEJA ATOS 2
HABACUQUE 1—2

Naum ensinou o povo a confiar em Deus e a crer nele, principalmente em tempos de grande tribulação ou desespero.
NAUM 1

As cidades de Samaria, no Norte, e Jerusalém, no Sul, foram destruídas, e o povo de Israel foi exilado.
2REIS 17:6; 25:1

Daniel teve visões do futuro, que incluíram o fim dos tempos e a ressurreição dos mortos.
DANIEL 10—12

Ageu disse: "Construam a casa de Deus!

Por meio de Malaquias, Deus disse ao povo impaciente de Israel que aguardasse um mensageiro, e quatrocentos anos de silêncio se passaram sem que nenhum mensageiro de Deus falasse.
MALAQUIAS 2:17—3:1

Deus demonstrou sua soberania, providência e cuidado, até para outras nações além de Israel.
ESTER 7—8

Deus falou por meio de Obadias sobre o dia do julgamento que virá para todas as nações quando elas receberem justiça por todas as suas ações.
OBADIAS

Zacarias profetizou que Cristo montaria em um jumentinho e que Jerusalém seria uma bênção para *todas as nações*.
ZACARIAS 9

Neemias, homem de confiança do rei Artaxerxes I, reconstruiu os muros de Jerusalém.
NEEMIAS 3—6

O templo foi reconstruído, mas sem sua grandeza original.
ESDRAS 6:14

O povo de Deus passa de um reino unido para um reino dividido, para o exílio e cativeiro, para a reentrada e reconstrução

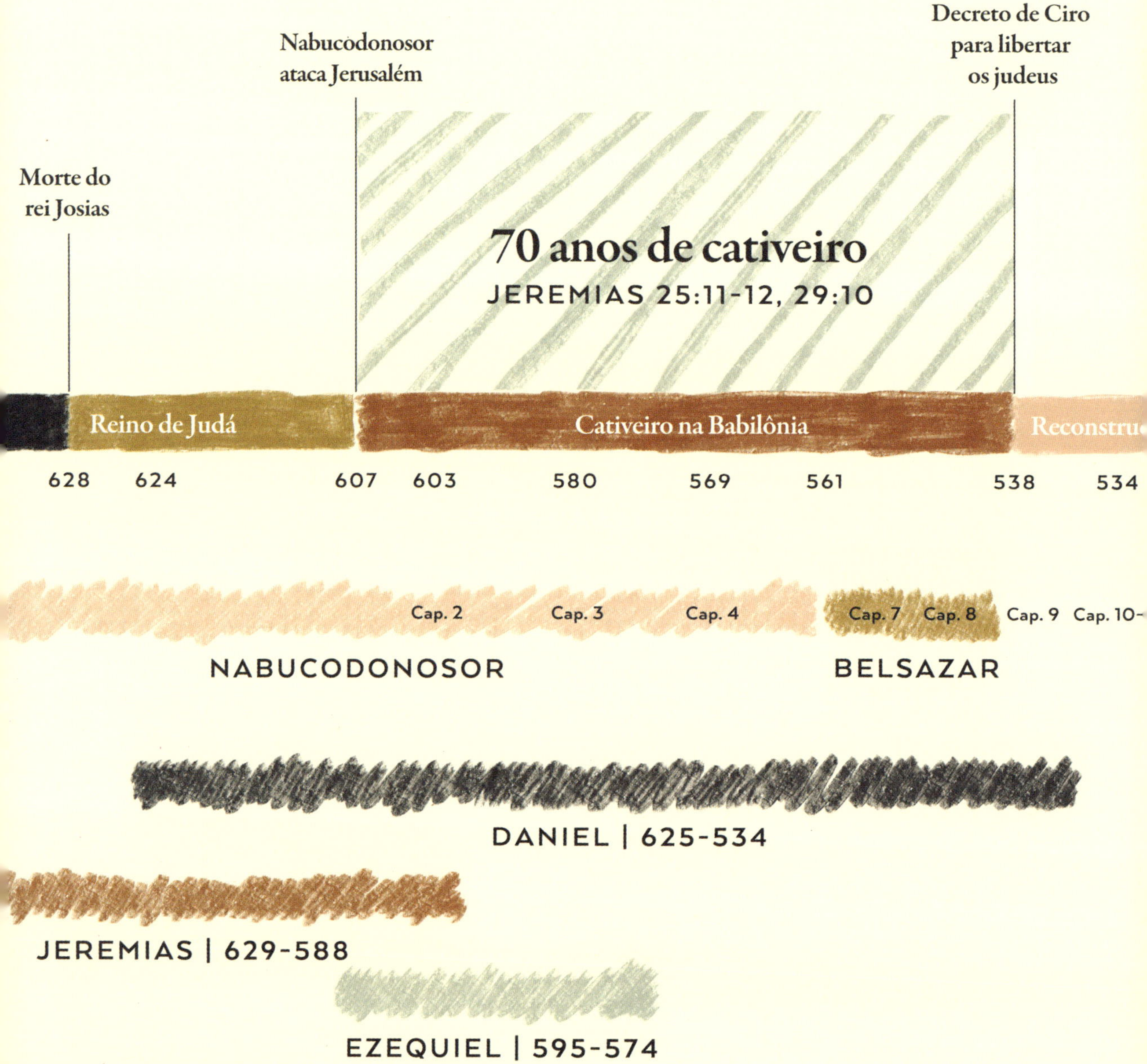

Salomão

Salomão, filho de Davi, foi ungido rei e construiu o templo.

ERIC GAGNON

LEITURA DE HOJE: 1REIS 1

O sacerdote Zadoque pegou na tenda o jarro com óleo e ungiu Salomão. A seguir, tocaram a trombeta, e todo o povo gritou:
— Viva o rei Salomão!

1REIS 1:39

Embora Deus tenha chamado Davi de um homem segundo o coração dele (1Samuel 13:14), alguns filhos de Davi não tiveram uma vida que honrasse a Deus. E infelizmente nenhum de seus filhos, nem mesmo Salomão que começou tão bem, obedeceu a Deus de todo o coração.

Absalão, filho de Davi, conspirou e manipulou para destronar o pai — uma traição extrema que levou Absalão à morte. No entanto, isso não foi surpresa para Davi, porque Natã havia profetizado a respeito disso depois que Davi cometeu adultério com Bate-Seba e ordenou o assassinato do marido dela, Urias, para encobrir o pecado que cometera (2Samuel 12:11).

Perto do fim da vida, Davi ficou gravemente enfermo. Outro filho dele, Adonias, decidiu tomar o trono do pai sem o conhecimento e a bênção dele (1Reis 1:5). Adonias organizou sua festa de coroação e excluiu intencionalmente todos os que se opunham a ele (1Reis 1:5-10). O profeta Natã contou ao rei Davi a atitude errada de Adonias e lembrou-o de que esse NÃO era o plano de Deus (1Reis 1:27). O rei Davi fez um juramento, reafirmando um juramento anterior, de que Salomão seria rei (1Reis 1:30).

É importante notar que a ideia de corregência — um rei reinando junto com seu filho — era comum naquela época. Davi disse que Salomão compartilharia seu trono (1Reis 1:35). O que Adonias fez não foi uma corregência, mas uma insurreição ou traição.

01 **Leia 1Reis 1:5-27. Como você descreveria a atitude de Adonias? Você já ficou impaciente com sua situação, com o tempo de Deus ou por ter pensado que sabia o que era melhor para você? Já tentou forçar algo sem antes ter levado o assunto a Deus em oração? Descreva como isso aconteceu em sua vida. Em contraste, quais são algumas maneiras de buscar o Senhor com paciência? (Veja Filipenses 4:6.)**

Isso não lhe parece um fato bem conhecido? Você se lembra do jardim? Adão e Eva, os primeiros filhos de Deus, também decidiram que sabiam mais que seu Pai. Deus os castigou por sua desobediência e os expulsou do jardim. Desde aquela época, o povo de Deus, que inclui você e eu, precisa de resgate.

Vemos uma corregência bem feita com Jesus. Jesus andou em perfeita obediência com o plano de seu Pai e agora compartilha o trono do céu em completa harmonia com Deus Pai (Apocalipse 5:13; Efésios 1:3).

Natã profetizou em 2Samuel 7:12 que Deus levantaria um dos filhos de Davi para sucedê-lo e estabelecer seu reino. A posse de Salomão foi a primeira vez que Israel recebeu um rei dessa maneira. Antes disso, o profeta Samuel ungiu e designou Saul e Davi como reis.

Não podemos ignorar o significado desse momento... Quando colocou Salomão no trono, Deus deu início à dinastia de Davi, a genealogia real que terminaria em Jesus Cristo, nosso resgatador.

Davi ordenou a Natã que pusesse Salomão na mula do rei Davi (1Reis 1:33-44) e o escoltasse até sua posse ao som de trombetas, regozijo e louvores (1Reis 1:39).

Se avançarmos até João 12:12-19, veremos uma posse semelhante de outro rei: o Rei Jesus. Jesus entrou na cidade de Davi montado em um jumentinho, acompanhado de gritos do povo: *"Hosana! Bendito é o que vem em nome do Senhor! Bendito é o Rei de Israel!"* (João 12:13) Os judeus e cristãos presentes conheciam a história de Deus e devem ter reconhecido suas semelhanças.

02 **Não é incrível saber que o Rei do céu articulou a história de tal modo que pudéssemos reconhecer seu Filho quando ele esteve aqui na terra? Isso fortalece sua fé em Cristo? Que sentimentos ou emoções esse fato provoca em seu coração?**

É importante notar que a sabedoria de Davi incluía: 1) Zadoque, um sacerdote; 2) Natã, um profeta; e 3) Benaia, o comandante do rei para a unção de Salomão. Isso deu credibilidade ao seu reinado e legitimou a posição de Salomão como rei escolhido por Deus, não por homem. A presença dessas autoridades deveria deixar-nos extasiados diante do amor e do poder de Deus para escrever uma história unificada que nos leva de volta a ele. Salomão não foi apenas filho de Davi; foi designado e comissionado por Deus e tornou-se um dom de graça para todos nós.

03 **Você gosta de ser independente? Eu gosto. Como o comissionamento de Salomão pode levar você a confiar nas pessoas que Deus colocou em sua vida? Como sua vida seria se você confiasse em Deus e buscasse o conselho de pessoas piedosas nas coisas que gostaria de fazer?**

Reinos divididos

Israel foi dividido em Reino do Norte e Reino do Sul.

ERIC GAGNON

LEITURA DE HOJE: 1REIS 12

Dessa forma, Israel se rebelou contra a dinastia de Davi, e assim permanece até hoje.

1REIS 12:19

Assim como nós, Salomão estava longe de ser perfeito. Na verdade, apesar de encontrarmos o nome dele na genealogia de Jesus, na velhice, Salomão afrontou as leis e os mandamentos de Deus ao casar-se com mulheres pagãs (mulheres que não adoravam ao Deus único e verdadeiro) e seguir os deuses delas (violando o primeiro mandamento de Deus, de não ter outros deuses diante dele) (1Reis 11:1-2). Não sei quanto a você, mas sinto grande conforto por saber que Deus abençoou as futuras gerações por intermédio de Salomão, apesar de seu pecado.

01 **Pense nas vezes em que você desobedeceu a Deus. Quais foram as consequências de sua desobediência? Deus usou essas consequências para resgatar você? Se sim, como? O que você aprendeu?**

Em 1Reis 11:12-13, o Senhor disse claramente a Salomão que, por causa de seu pecado, Deus tiraria dele o reino inteiro, exceto uma tribo (1Reis 11:12). Foi exatamente o que aconteceu.

O que se segue na família de Salomão é bastante confuso, então vamos analisar passo a passo. É confuso porque os dois homens que pretendem ser reis têm nomes muito parecidos: Jeroboão e Roboão. Roboão é filho de Salomão... seu filho "verdadeiro". Jeroboão era chefe dos servos de Salomão e encarregado dos trabalhos forçados. Portanto, lembre-se do "r" de "R"oboão, o filho "real" [verdadeiro]. Entendeu? Prometo que esse detalhe vai ajudar no restante da história.

Este é o relato: um mensageiro do Senhor disse a Jeroboão que ele receberia dez das doze tribos (1Reis 11:35-36). Quando Salomão soube disso, ficou irado e mandou matar Jeroboão. Jeroboão fugiu para o Egito, onde viveu até a morte de Salomão.

Ao retornar, Jeroboão foi falar com Roboão (lembre-se: o filho "real" de Salomão e herdeiro do trono por direito) e pediu-lhe que parasse de tratar o povo de Deus com tanta crueldade e começasse a tratá-lo de modo razoável e compassivo. Jeroboão disse a Roboão que, se concordasse com isso, ele (Roboão) poderia contar com a lealdade do povo (1Reis 12:4).

02 **Reflita no fato de que Jeroboão voltou e pediu paz apesar de ter sido caçado anteriormente como um animal. Você já procurou reconciliar-se com seus inimigos? Descreva como isso aconteceu.**

Roboão buscou conselho sobre como responder ao pedido de Jeroboão.

03 **Leia 1Reis 12:6-11. A quem Roboão pediu conselho e qual foi o conselho que lhe deram? Que conselho Roboão seguiu?**

04 **Antes de nos apressarmos para saber qual foi o resultado dessa divisão, quem são os homens e as mulheres mais velhos a quem você pede conselho? Se no momento não há nenhum, eu a encorajo a orar pedindo a Deus que lhe mostre alguns.**

A batalha entre Roboão e Jeroboão mudou Israel para sempre. Em vez de um reino governado por um rei, o reino transformou-se em dois. Roboão (neto de Davi, filho de Salomão — todos os três eram descendentes de Jessé, da tribo de Judá) reinou sobre a tribo de Judá, o Reino do Sul. Jeroboão reinou sobre o restante das tribos do Norte, conhecidas como Reino do Norte, também chamado Israel.

Espero que você tenha entendido essa história complicada. Leia, por favor, 1Reis 11 e 12 para entendê-la melhor.

05 **Você já fez uma coisa boa e certa e sofreu por isso? Se sim, como essa escolha moldou e impactou sua vida? Como afetou sua fé e confiança em Deus?**

O difícil na Bíblia é que nunca sabemos ao certo o que se passa no coração das pessoas nas histórias. Deus transmite os eventos do modo que ele deseja que saibamos. Não temos comentários de Deus para acompanhar a Bíblia. Mas conhecemos o caráter de Deus. Sabemos que ele é justo. Sabemos que ele é bom. Sabemos que seus propósitos são bons mesmo que não possamos "vê-los" ou quando as coisas não acontecem da maneira que, a nosso ver, são "justas". Temos de confiar em Deus e em sua Palavra, que diz que ele age em todas as coisas para o bem daqueles que o amam, dos que foram chamados segundo o seu propósito (Romanos 8:28). Há sempre um quadro maior que só Deus é capaz de ver.

Exílio

As cidades de Samaria, no Norte, e Jerusalém, no Sul, foram destruídas, e o povo de Israel foi exilado.

ERIC GAGNON

LEITURA DE HOJE: 2REIS 25

Então, no nono ano do reinado de Zedequias, no décimo dia do décimo mês, Nabucodonosor, rei da Babilônia, marchou contra Jerusalém com todo o seu exército. Ele acampou em frente da cidade e construiu rampas de ataque ao redor dela.

2REIS 25:1

A esta altura da história, vamos avançar quatrocentos anos — desde a época em que Israel se dividiu, por volta de 930 a.C., até a época do exílio na Babilônia. No decorrer desse tempo, dezenove reis governaram no Norte e dezenove reis governaram no Sul. No fim do reinado de quase todos os reis, o autor menciona se foram reis bons ou reis maus, que fizeram maldades aos olhos do Senhor. O Reino do Norte não teve nenhum rei bom. O Reino do Sul teve alguns reis bons, como Asa e Josias. Mas nenhum rei do Antigo Testamento se igualou à perfeita justiça e realeza que vemos posteriormente em Jesus.

01 **Quais são alguns heróis em sua vida? De que maneira essas pessoas se assemelham a Jesus? De que maneira Jesus é melhor ainda?**

Com o tempo, o Império Assírio derrotou o Reino do Norte, Israel. A respeito da vitória dos assírios, a Bíblia diz: *"Tudo isso aconteceu porque os israelitas haviam pecado contra o SENHOR, o seu Deus, que os tirara do Egito, livrando-os das mãos do faraó, rei do Egito. Eles prestaram culto a outros deuses"* (2Reis 17:7)

Cerca de cem anos após o cativeiro assírio, o Império Babilônico entrou em cena e conquistou a Assíria. Em seguida, marcharam para Jerusalém e deixaram-na em chamas — destruíram o templo, o palácio real e todas as casas. Eles exilaram os israelitas, levaram alguns dos oficiais como prisioneiros e executaram outros. Deixaram os pobres mais miseráveis para cultivar a terra.

02 **Pelo fato de o povo temer e adorar o que era falso, o Deus único e verdadeiro os entregou aos seus medos para mostrar a eles — e a nós — a tolice que há nisso. De que maneiras você reserva seu maior amor e adoração apenas a Deus?**

Eles pouparam um homem poderoso chamado Daniel e o deportaram para a Babilônia a fim de servir o rei. Você pode conhecer melhor a história de Daniel no livro da Bíblia com o nome dele. Também deportaram um sacerdote chamado Ezequiel que falava pelo Senhor na Babilônia.

Encontramos luz em meio a esse período de trevas porque Deus sempre esteve com seu povo. Sua presença estava literalmente entre eles no lugar que se chamava "Santo dos Santos". Primeiro, no tabernáculo. Depois, no templo. Mas o templo havia sido destruído, e o povo foi arrancado de suas casas e de tudo o que fazia parte da vida deles. No entanto, Deus não os abandonou. Continuou com eles, mas não em um lugar ou templo. Deus passou a lhes falar por meio de homens que haviam sido chamados, homens como Daniel e Ezequiel. A notícia torna-se ainda melhor para aqueles de nós que vivemos após o nascimento de Jesus. Com o tempo, Deus passou a habitar literalmente em seu povo. Porque seu Espírito vive em nós, agora somos templos (1Coríntios 6:19).

03 **Você já teve a sensação de que Deus estava longe, como se não pudesse senti-lo, ouvi-lo ou vê-lo? Como as palavras que lemos hoje a encorajam e a ajudam a encontrar força para hoje?**

Sou grato porque encerramos nossa lição de hoje com um dos reis "bons" de Deus. Seu nome é Josias. Foi ele quem levou o povo de volta ao coração de Deus. Josias encontrou as Escrituras que haviam sido escondidas durante várias gerações de reis. Leu-as em voz alta desde o início até o fim diante de todo o povo de Deus. Renovou a aliança que Deus fez com Abraão. Destruiu os altares dos falsos deuses. E, mais importante ainda, os filhos de Josias, várias gerações depois, geraram Maria e José e, por conseguinte, Jesus, o nosso Salvador e ***Resgatador***.

04 **Reserve um tempo para ler 2Crônicas 34:14-33. Comente suas observações sobre as reformas de Josias, pois essa é uma parte muito especial da história dos reis.**

A história dos reis e do período do exílio revela a fidelidade de Deus, mesmo quando não somos fiéis a ele. Deus fez uma aliança com Abraão e cumpriu suas promessas. Isso nos traz à mente 2Timóteo 2:13: "[...] *se somos infiéis, ele permanece fiel, pois não pode negar a si mesmo.*"

05 **Como a fidelidade de Deus lhe dá confiança para começar o dia? Como o fato de que Deus é por você — é seu Resgatador e torce por você — afeta o modo como você encara as circunstâncias da vida?**

Templo

O templo foi reconstruído, mas sem sua grandeza original.

ERIC GAGNON

LEITURA DE HOJE: ESDRAS 6

Dessa maneira, os líderes dos judeus continuaram a construir e a prosperar, encorajados pela pregação dos profetas Ageu e Zacarias, descendente de Ido. Eles terminaram a reconstrução do templo conforme a ordem do Deus de Israel e os decretos de Ciro, de Dario e de Artaxerxes, reis da Pérsia.

ESDRAS 6:14

Os israelitas exilados sentiram-se perdidos sem o templo porque sabiam que, enquanto o templo estivesse com eles, a presença de Deus também estaria. Mas, em um instante, o templo desapareceu. Foi totalmente destruído. Por conhecer o coração deles, Deus enviou mensageiros para transmitir-lhes palavras de esperança e dar-lhes ânimo.

01 **Quando você está desencorajada, o que a encoraja?**

Nessa época, a Pérsia havia derrotado a Babilônia e conquistado a região inteira. Contudo, algo maravilhoso aconteceu sob esse novo regime: Deus fez os líderes babilônios olharem para os israelitas com benevolência.

"Dessa maneira, os líderes dos judeus continuaram a construir e a prosperar, encorajados pela pregação dos profetas Ageu e Zacarias, descendente de Ido. Eles terminaram a reconstrução do templo conforme a ordem do Deus de Israel e os decretos de Ciro, de Dario e de Artaxerxes, reis da Pérsia" (Esdras 6:14).

Sempre acho fascinante o modo pelo qual Deus usou constantemente, ao longo da história, homens que ocupavam posições de comando para realizar seus planos. Um estudioso, M. Breneman, disse a esse respeito: "A palavra mais poderosa da terra naquela ocasião era o decreto de um rei da Pérsia, mas, de maneira silenciosa e misteriosa, o rei estava sendo dirigido por uma palavra divina mais poderosa ainda."[9]

TEMPLO
SANTO DOS SANTOS
ÁREA MOSTRADA NO GRÁFICO ABAIXO
PÁTIO SUPERIOR
ALTAR

SANTO DOS SANTOS
VÉU
QUERUBINS
MESA DOS PÃES DA PRESENÇA
CANDELABR DE OURO
ARCA
ALTAR DO INCENSO

02 **O que isso nos mostra como devemos tratar aqueles que ocupam posição de comando e autoridade sobre nós?**

As pregações e profecias de Ageu e Zacarias, bem como a liderança e o trabalho árduo de Zorobabel, Esdras e Neemias, foram responsáveis pela construção de um novo e magnífico templo — um templo que sobreviveu de várias maneiras, mesmo durante as invasões dos Impérios Grego e Romano.

O que mais nos surpreende é que, centenas de anos antes do início de qualquer um desses eventos, Daniel sonhou com eles (Daniel 7). Seu sonho centralizou-se em torno de quatro animais. Os quatro animais representavam as quatro nações que acabamos de estudar... Babilônia, Pérsia, Grécia e Roma.

Abrangemos uma grande parte da história em um curto espaço de tempo, e esta verdade parece clara: Deus usou as visões, os ensinamentos e as profecias de Daniel, Ezequiel, Ageu e Zacarias para inspirar e encorajar o povo a permanecer unido, a trabalhar muito e a perseverar, mesmo quando enfrentaram tempos difíceis e foram cercados por inimigos. Deus também usou reis pagãos para abrir portas e proporcionar os meios para que o trabalho fosse feito. E, o melhor de tudo, Deus levantou três grandes líderes (Zorobabel, Neemias e Esdras), que trabalharam, serviram e conduziram com o entusiasmo santo que todos os cristãos deveriam ter quando se dão conta de que fazem parte do plano de Deus.

03 **Como a pregação da Palavra de Deus e/ou o entusiasmo dos que são seus líderes afetaram sua vida? Quais são alguns caminhos nos quais você pode ver o plano de Deus se desenrolando em suas circunstâncias?**

O Segundo Templo destacou-se do antigo de uma forma significativa: não há nenhuma evidência da habitação de Deus no Segundo Templo. As palavras de Jesus em Apocalipse 21:22 revelam que não haverá nenhum templo no novo céu e na nova terra porque *"o Todo-poderoso, e o Cordeiro são o seu templo"* (veja também Ezequiel 44:4; João 2:19). No entanto, a própria presença do Segundo Templo encorajou o povo de Deus quando eles começaram a viver juntos após o exílio.

Somos ainda mais abençoados do que aqueles que nos precederam. Em vez de encontrar Deus em um templo, seu Santo Espírito vive agora naqueles que chamam Jesus de Senhor e Salvador. O Espírito do Deus vivo habita em cada filho de Deus! Isso é algo que devemos comemorar, minha amiga. Não precisamos mais que alguém abra a porta ou nos dê acesso a Deus. Jesus fez isso quando entregou sua vida por nós (1Coríntios 3:16). Podemos encontrá-lo a qualquer momento, onde quer que estejamos, em qualquer lugar. E, uma vez que Jesus é chamado de Palavra de Deus (João 1:1), o primeiro e o melhor lugar para nos encontrar com ele todos os dias é nas páginas da Escritura, como estamos fazendo nestes 40 dias.

04 **Quando, onde e como você se encontra com Deus?**

A espera

Deus disse a um impaciente Israel, por meio de Malaquias, que aguardassem um mensageiro, e quatrocentos anos de "silêncio" se passaram sem que nenhum mensageiro de Deus falasse.

ERIC GAGNON

LEITURA DE HOJE: MALAQUIAS 3

— Vejam, eu enviarei o meu mensageiro, que preparará o caminho diante de mim. Então, de repente, o Senhor que vocês buscam virá ao seu templo; o mensageiro da aliança, aquele que vocês desejam, virá — diz o SENHOR *dos Exércitos.*

MALAQUIAS 3:1

Durante o reinado dos reis de Israel, a glória do Senhor encheu o templo. Certamente o povo de Deus leu sobre isso e ansiava pela volta daqueles dias.

01 **Leia 2Crônicas 5:14 e descreva como era a glória do Senhor naquela época.**

O povo de Deus deve ter achado isso confuso porque a visão de Ezequiel do novo templo refletia algo muito diferente (Ezequiel 40—48). Há várias opiniões sobre o Templo de Ezequiel. Em resumo, alguns dizem que se tratava de um templo literal que seria construído na terra. Outros dizem que se tratava de um templo simbólico para um dia no futuro.

Ezequiel descreveu o templo restaurado e a cidade de Jerusalém de uma forma que nos faz pensar na glória do Templo de Salomão e um ainda maior, em um tempo em que Deus voltará a habitar com seu povo em um relacionamento perfeito. Quando e onde, simplesmente não sabemos.

De uma coisa, porém, nós sabemos: Jesus disse que um dia levantará um novo templo. O templo seria seu corpo e o lugar onde a plenitude Deus se agrada em habitar (Colossenses 1:19).

Encontro grande esperança nas palavras de Ezequiel e nas palavras de Jesus. Deus não abandonou, e não tem abandonado, seu povo. Ele restaurou nosso relacionamento terreno com ele de uma forma que o povo do Antigo Testamento jamais teria imaginado. Ele não vai mais habitar em um templo. Vai habitar em seu povo. Viver no coração deles. Transformá-los em correntes de água viva! E então um dia, elevá-los... elevar-nos... a uma nova glória e intimidade que nossa mente não é sequer capaz de imaginar deste lado do céu.

02 **Leia Malaquias 2:17. Quais eram as duas coisas que o povo fazia? Por que faziam isso?**

Deus deu ao povo um último profeta. E, depois desse profeta, Deus não falou com seu povo durante quatrocentos anos. Por intermédio de Malaquias, Deus disse novamente aos israelitas, como disse por intermédio de Isaías, que aguardassem um mensageiro no deserto. *"Uma voz clama: 'No deserto preparem o caminho para o Senhor; endireitem no deserto uma estrada para o nosso Deus'"* (Isaías 40:3).

Naquela época, era comum os mensageiros prepararem o caminho. Os reis enviavam mensageiros adiante deles para retirar os obstáculos na estrada e prepará-la para sua chegada.

Jesus e os autores dos Evangelhos identificaram João Batista como o mensageiro a respeito de quem Malaquias falou (Mateus 3:3, 11:7-10; Marcos 1:3; Lucas 3:4; João 1:23).

Cerca de quatrocentos anos se passaram entre a profecia de Malaquias e o nascimento de João e Jesus. Na verdade, Jesus entrou literalmente no templo (Lucas 2:21-40), conforme Malaquias disse que ele entraria, em Malaquias 3:1.

03 **Quatrocentos anos é um tempo longo para esperar. Contudo, quais são algumas coisas boas pelas quais você esperou e recebeu, ou ainda espera? Como você encontra paciência para esperar?**

Haverá ocasiões em que nosso Deus sempre presente parecerá distante, até escondido. No entanto, ele continua perto mesmo quando não sentimos sua presença. Às vezes, ele permanece em silêncio porque temos andado fora de sua vontade, em desobediência a algo que ele nos pediu ou espera de nós. Isso serve de advertência para nós. Parar e ouvir. Passar um tempo com ele intencionalmente, para podermos ouvir sua voz, sentir sua liderança ou receber sua nova direção.

Lembre-se das palavras de Moisés a Deus: *"Se não fores conosco, não nos faças sair daqui"* (Êxodo 33:15). Moisés queria que a bênção e o poder de Deus estivessem com eles, pois sabia que, de outra forma, fracassariam. Nós também precisamos convidar Deus para estar presente em nossa vida, nossos planos e nossas orações.

Falamos também que Deus está conosco de outra maneira: por meio de sua presença que vive em nós. Antes da morte e ressurreição de Jesus, o Espírito Santo raramente habitava no povo de Deus. Deus enviou seu Espírito para dar poder àqueles que ele chamou para determinadas tarefas, como alguns reis, juízes e profetas. A presença de Deus também estava com seu povo, adiante e atrás deles, enquanto os conduzia no deserto e nas batalhas. Mas não esteve presente até o Novo Testamento, até o livro de Atos, quando Deus derramou seu Espírito para viver dentro de seu povo.

Esperamos que você confie nesta verdade: se depositar sua confiança em Jesus, Deus habitará em você (1Coríntios 3:16). Jesus disse que ele nunca nos abandonará (Hebreus 13:5), mas que estará sempre conosco (Mateus 28:20). Ele nunca abandonará você e estará sempre com você. Mesmo agora, neste exato momento, ELE ESTÁ COM VOCÊ!

04 **Você acredita nas últimas quatro palavras que acabou de ler? Se sim, qual o impacto que elas causam em sua vida? Se não acredita nas últimas palavras, ou se está insegura, peça a Deus que lhe mostre. Convide-o para mostrar-lhe, de maneira muito pessoal e específica, que ele está com você... na oração, em sua Palavra, na adoração. Ele é fiel, minha amiga. Ele tem de ser fiel. É assim que ele é. Ele é um Deus fiel.**

Desde a época dos reis, passando pelo exílio e destruição de Jerusalém, até a reconstrução do novo templo, a humanidade anseia por resgate.

Quando agimos por conta própria, procuramos resgate em coisas tangíveis: pessoas, instituições, aquilo que podemos ver e sentir. Grande parte disso é coisa boa e provisão de Deus. Mas somente Deus pode resgatar-nos da confusão em que nos metemos na terra. Sou grato porque a história de Deus, sua Palavra, fala sabedoria e verdade no meio dessa confusão. Romanos 15:4 diz: "*Entretanto, tudo o que foi escrito no passado tinha o propósito de nos ensinar, de forma que, por meio da perseverança e do encorajamento das Escrituras, mantenhamos a nossa esperança.*" A Palavra de Deus oferece e traz a verdadeira esperança quando sentimos que ela não existe.

Deus ia adiante de seu povo em uma coluna de nuvem de dia e em uma coluna de fogo durante a noite (Êxodo 13:22). Deus permaneceu fiel ao seu povo no Santo dos Santos no templo (1Samuel 4:4). Ambos por meio de evidências visuais. Deus estava "com" eles. Contudo, lembro-me das palavras de Jesus em João 20:29: "*Porque me viu, você creu? Bem-aventurados os que não viram e creram.*" Há mais de Deus do que somos capazes de ver com nossos olhos.

Deus sempre teve a intenção de "*habitar na terra com os homens*" (2Crônicas 6:18). Ele andou conosco no jardim do Éden e pretende andar novamente conosco quando voltar. Quando, porém, virmos Deus no céu, por maior que seja a sua glória naquele dia, o rosto para o qual olharemos não será outro senão o de Jesus. "*Ele [Jesus] é a imagem do Deus invisível, o primogênito sobre toda a criação, pois por meio dele foram criadas todas as coisas nos céus e na terra, as visíveis e as invisíveis, sejam tronos, sejam soberanias, quer poderes, quer autoridades; todas as coisas foram criadas por ele e para ele. Ele é antes de todas as coisas, e por meio dele tudo subsiste*" (Colossenses 1:15-17).

Pai celestial, eu te agradeço

por segurares um espelho diante do nosso coração enquanto lemos sobre teu povo no passado. Ansiamos por ver-te e estar contigo de maneira mais grandiosa. Muitas vezes, ansiamos por resgate, talvez por ti, mas acrescentamos tudo o que podemos ver e agarrar. Ajuda-nos a deixar de ter esperança em qualquer outra coisa a não ser em ti, para a vida e para a piedade. Em nome de Jesus. Amém.

400 anos

de silêncio

anseio por redenção

5ª semana

JOEL MUDDAMALLE

Quando eu tinha cerca de 9 anos de idade, minha mãe me levou a uma loja de brinquedos para ver a vitrine. *Odeio vitrine de loja!*

Enquanto estávamos do lado de fora, vi um boneco do Batman que eu queria muito e perguntei à minha mãe se poderíamos comprá-lo. Ela não concordou, e fiquei arrasado. Então, fiz algo que tenho vergonha de admitir. Quando minha mãe não estava olhando, coloquei o boneco no bolso. Em minha mente, estava apenas levando "emprestado", como se estivesse na biblioteca. Mas todos nós sabemos o que eu estava realmente fazendo: estava roubando. Não demorou muito para minha mãe descobrir o que eu havia feito e, acredite, tive de pagar caro por minha atitude. Mamãe dirigiu-se ao fundo da loja, encontrou o gerente, fez-me pedir desculpa e entregar o Batman. Passei o fim de semana seguinte trabalhando como "voluntário" na loja. Meu pecado teve um custo, e minha mãe fez questão de que eu o pagasse. Que lição aprendi? Toda decisão tem uma consequência. Quando enfiei o boneco no bolso, não tinha ideia do impacto de meu pecado, não apenas em mim, mas também em todos ao meu redor. Provavelmente todos nós passamos por momentos semelhantes a esse. E sabemos também que há sempre um preço a ser pago pelo pecado, e às vezes outras pessoas têm de pagar o preço para nós.

Na semana passada, analisamos o anseio por resgate e fizemos um estudo breve sobre a realidade de quem se dispõe voluntariamente a resgatar alguém: ele se coloca em situação de perigo para salvar outra pessoa. Um anseio muito semelhante ao resgate é a redenção.

O resgate em si é incompleto quando o que sobra é um relacionamento dividido e quebrado. Nesse caso, o resgate requer redenção. A redenção verdadeira tem um preço e, quando esse preço é pago, ela se torna realidade. É importante lembrar, como minha amiga Lysa TerKeurst diz: "Embora a reconciliação com os outros nem sempre seja possível, a redenção com Deus é sempre possível." Passamos quatro semanas falando sobre quais são os nossos anseios e como nos levam a agir e a pensar de determinadas maneiras. Esta semana, vamos mudar um pouco e pensar no que Deus anseia para nós. Ao acompanhar a história de Deus a partir de Gênesis, sabemos com certeza que ele anseia por restaurar um relacionamento correto com seu povo (Mateus 23:37) e trabalha ativamente para que esse dia chegue. Ao longo do Antigo Testamento, os profetas preveem um dia em que haverá redenção permanente para o povo de Deus. O profeta Jeremias usa palavras e expressões como: *"Certamente, vêm dias"* ou *"Naquele dia"* ou *"Naquele tempo"* com esperança e expectativa (Jeremias 30:3,8; 31:1). O profeta Zacarias vê redenção para o povo de Deus no exílio (Zacarias 10:8) e Isaías promete que o povo de Deus seria chamado "Redimidos do SENHOR" (Isaías 62:12) porque Deus redimiria o povo de seu pecado (Salmos 130:7-8).

Jesus tornou possível a promessa da redenção feita no Antigo Testamento e descrita em Salmos 130:7-8. No início do Novo Testamento, os Evangelhos descrevem a morte de Jesus como um resgate por muitos (Mateus 20:28; Marcos 10:45). No grego, a palavra "por" é *anti*, que pode ser traduzida por "no lugar de" e dá a ideia de substituição. O resgate é pago por uma troca. A vida de Cristo pela vida da humanidade. C. S. Lewis refere-se a isso como "a grande troca", que exigiu o derramamento do sangue de Jesus para expiar o pecado da humanidade (Romanos 3:24-25; Efésios 1:7).

Essa troca é uma reversão gloriosa. A morte de Jesus não apenas liberta a humanidade da escravidão do pecado e da morte, mas também redime e restaura nosso relacionamento com Deus. Somos novamente filhos e filhas do Rei (Gálatas 4:6-7). Aquele anseio que sentimos no coração pela redenção é uma indicação e um lembrete de que não fomos criados para viver separados de Deus. A "boa notícia" do evangelho é que Jesus abriu o caminho para nós para estarmos novamente na presença de Deus. Ter um relacionamento com ele. Ter uma vida redimida. Uma vida que sabemos é repleta de amor e que nunca mais viveremos separados do nosso Criador.

Aqui estão as duas

genealogias de Jesus apresentadas por Mateus e Lucas, mostrando a linhagem de Maria e José. O fascinante a respeito da lista de Mateus é que ele inclui quatro mulheres, todas provavelmente gentias (não judias) e pelo menos três delas são conhecidas por terem se envolvido em algum tipo de imoralidade. Em vez de não as incluir, o que teria sido mais fácil, Mateus, ao mencionar o nome delas, mostra com orgulho que Jesus é o nosso Deus e o nosso Redentor, cheio de graça e verdade, que veio amar e salvar os pecadores. Leia Mateus 1:1-17 e preencha os espaços em branco mostrando como essas mulheres se tornaram mães de Jesus Cristo, nosso Rei e Salvador.

vire a página para preencher os espaços em branco

14 gerações de Abraão a Davi

DEUS
ADÃO
SETE
ENOS
CAINÃ
MAALALEEL
JAREDE
ENOQUE
MATUSALÉM
LAMEQUE
NOÉ
SEM
ARFAXADE
CANAÃ
SELÁ
HÉBER
PELEGUE
REÚ
SERUGUE
NAOR
TERA
ABRAÃO
JACÓ
JUDÁ
PEREZ
ESROM
ARÃO
AMINADABE
NAASSOM
SALMOM
BOAZ
OBEDE
JESSÉ

14 gerações de Davi até o cativeiro na Babilônia

ROBOÃO
ABIAS
ASA
JOSAFÁ
JORÃO
UZIAS
JOTÃO
ACAZ
EZEQUIAS
MANASSÉS
AMOM
JOSIAS
JECONIAS

14 gerações do cativeiro na Babilônia até Cristo

SALATIEL
ZOROBABEL
ABIÚDE
ELIAQUIM
AZOR
SADOQUE
AQUIM
ELIÚDE
ELEAZAR
MATÃ
JACÓ
JOSÉ
MARIA

MATATÁ
MENÁ
MELEÁ
ELIAQUIM
JONÃ
JOSÉ
JUDÁ
SIMEÃO
LEVI
MATATE
JORIM
ELIÉZER
JOSUÉ
ER
ELMADÃ
COSÃ
ADI
MELQUI
NERI
SALATIEL
ZOROBABEL
RESSA
JOANÃ
JODÁ
JOSEQUE
SEMEI
MATATIAS
MÁATE
NAGAI
ESLI
NAUM
AMÓS
MATATIAS
JOSÉ
JANAI
MELQUI
LEVI
MATATE
ELI
JOSÉ

JESUS

O nascimento de João e Jesus foi profetizado.
LUCAS 1:5-38

A vida de João no deserto foi registrada, e uma profecia foi cumprida.
LUCAS 3:1-20

Cumprindo nosso anseio por redenção, Jesus, Filho de Deus, nasceu em figura humana.
MATEUS 1:18-25
LUCAS 2:1-46

Os anjos apareceram aos pastores para anunciar o nascimento de Jesus.
LUCAS 2:8-20

Os magos visitaram o recém-nascido Rei dos judeus.
MATEUS 2:1-12

Jesus e sua família fugiram para o Egito, o cumprimento de Jeremias 31:15.
MATEUS 2:13-18

Jesus viveu em Nazaré e a graça de Deus estava sobre ele.
LUCAS 2:39-40

Jesus cresceu em sabedoria, estatura e graça diante de Deus e dos homens.
LUCAS 2:41-52

João negou ser o Cristo e disse ao mundo que visse o Cordeiro de Deus (cumprimento da profecia em Isaías 40:3).
JOÃO 1:19-34

João batizou Jesus “*para cumprir toda a justiça.*”

MARCOS 1:9-11
MATEUS 3
LUCAS 3

Jesus foi tentado no deserto.

MATEUS 4:1-11
MARCOS 1:12-13
LUCAS 4:1-13

Jesus começou a reunir seus primeiros discípulos.
JOÃO 1:35-51

Jesus transformou a água em vinho em obediência à sua mãe como seu primeiro milagre registrado.
JOÃO 2:1-11

Jesus curou muitas pessoas.

MARCOS 1:21-34

Jesus purificou o templo da corrupção que havia ali.
JOÃO 2:13-22

Jesus revelou à mulher à beira do poço que ele era o Cristo, e muitos creram nele naquele dia.
JOÃO 4:5-42

Jesus chamou seus doze discípulos de "apóstolos".
MARCOS 3:13-19

Jesus pregou um de seus muitos sermões ao lado de um monte. O sermão passou a ser conhecido como "Sermão do Monte".
MATEUS 5—7
LUCAS 6:20-49

Jesus curou de longe o servo do centurião em razão da fé do centurião.
LUCAS 7:1-10

Jesus ressuscitou o filho de uma viúva.
LUCAS 7:11-17

Jesus acalmou a tempestade.
MARCOS 4:35-

Pedro confessou que Jesus era o Filho de Deus.
MATEUS 16:13-20

Jesus foi transfigurado, e o Pai disse que ele era seu Filho.
MARCOS 9:2-10
LUCAS 9:28-36
MATEUS 17:1-9

Jesus ressuscitou Lázaro dentre os mortos.
JOÃO 11:1-44

Jesus alimentou 5 mil homens, sem contar mulheres e crianças, multiplicando milagrosamente pães e peixes.
JOÃO 6:1-13

Jesus predisse que seria rejeitado e morto e que ressuscitaria no terceiro dia.
MARCOS 8:31

Grandes multidões seguiam Jesus, e ele advertiu o povo que haveria um custo.
LUCAS 14:25-35

O nascimento de Jesus

Satisfazendo nosso anseio por redenção, Jesus, o Deus Filho, nasceu em figura humana.

HANNAH SCHINDLER

LEITURA DE HOJE: MATEUS 1

O nascimento de Jesus Cristo foi assim: Maria, a sua mãe, estava prometida em casamento a José, mas, antes que se unissem, ela ficou grávida por meio do Espírito Santo.

MATEUS 1:18

Nossa cultura parece fascinada por descobrir nossos antepassados — de que país viemos e qual é a história de nossa família. Nos tempos judaicos, isso era incrivelmente importante também, porque o povo adquiria alguns direitos e status com base na tribo à qual pertenciam por nascimento. É por esse motivo que Mateus inicia seu Evangelho com a genealogia e a história do nascimento de Jesus. A mensagem inteira de Mateus é exposta para nos mostrar por que Jesus é o único e verdadeiro Rei e Messias. Mateus nos lembra dezesseis vezes que Jesus veio para cumprir as profecias do Antigo Testamento. José e Maria fazem parte da genealogia do rei Davi. A profecia de Isaías 9:6-7 disse que o Messias viria da casa de Davi.

01 **Por que você acha que Mateus escolheu começar seu Evangelho com a genealogia de Jesus?**

Depois Mateus contou a história do nascimento de Jesus. Era hora de o Filho de Deus fazer sua entrada grandiosa neste mundo, de acordo com a profecia. Pelo poder de Deus, o Espírito Santo, aquele que é totalmente Deus e totalmente humano confinou-se no útero de uma virgem chamada Maria. Esse milagre incrível cumpriu a profecia em Isaías 7:14.

02 **Leia Isaías 7:14. O nome de Jesus é Emanuel, que significa "Deus conosco". Para você, qual é o significado de o nome de Jesus ser Emanuel, Deus com *você*?**

Com o nascimento de Jesus, *"a Palavra tornou-se carne e viveu entre nós"* (João 1:14). Os filhos de Deus precisavam ser redimidos. Deus Pai enviou Deus Filho, Jesus, como instrumento nas mãos de Deus para essa redenção. Mediante essa redenção, Deus abriu um caminho para satisfazer os anseios que estamos analisando até agora em nosso estudo — os anseios que seus filhos podem identificar e os anseios que não podem. Pois o desejo de Deus era, e ainda é, de satisfazer os anseios de seus filhos somente em Jesus, não nas coisas deste mundo.

O batismo de Jesus

Jesus foi batizado por João "para cumprir toda a justiça."

HANNAH SCHINDLER

LEITURA DE HOJE: MARCOS 1

Aconteceu que, naqueles dias, Jesus veio de Nazaré, na Galileia, e foi batizado por João no rio Jordão.
Assim que saiu da água, Jesus viu os céus se abrindo e o Espírito descendo como pomba sobre ele.
Então, veio dos céus uma voz:
— Você é o meu Filho amado, em quem tenho prazer.

MARCOS 1:9-11

Preparem o caminho.

João Batista, primo de Jesus, preparou o caminho para a chegada de Jesus por meio do batismo (Isaías 40:3). Como crentes, continuamos a considerar o batismo como um ato sagrado para confessar nossa fé em Cristo. O batismo é um sinal externo e visível das obras internas que o Espírito Santo de Deus realiza dentro de nós.

01 **Jesus *permitiu* que João o batizasse. Por que Jesus quis ser batizado?**

Ao submeter-se ao batismo, Jesus se conectou com a humanidade e demonstrou nossa necessidade de enterrar nossos pecados e ser purificados deles.

Mateus escreve que, enquanto João batizava Jesus, os céus se abriram e o Espírito de Deus desceu como pomba e pousou sobre Jesus (Mateus 3:16). Vamos fazer uma pausa e entender o significado desse momento. Essa é uma das poucas vezes que testemunhamos explicitamente a Trindade trabalhando em conjunto na Escritura. O Deus Pai falou, o Deus Filho foi batizado e o Deus Espírito Santo desceu.

Deus falou estas palavras poderosas: "Este é o meu Filho amado" (Mateus 3:17). Essas palavras cuidadosamente escolhidas asseguraram que todos os que presenciaram o batismo sabiam que Jesus não era um homem comum.

02 **Deus identifica novamente Jesus como seu Filho amado. Qual é o nome desse evento? (Veja Mateus 17.)**

A Escritura fala de outro batismo importante em Atos 8. Vamos ver qual é.

No início de Atos (após a morte e ressurreição de Jesus), os doze apóstolos escolheram um homem chamado Filipe para ser um dos sete homens encarregados das tarefas práticas e administrativas da igreja. Filipe partiu de Jerusalém e viajou a Samaria, uma região evitada pela maioria dos judeus.

Enquanto evangelizava ali, o anjo do Senhor apareceu a Filipe e disse-lhe que seguisse para o sul em uma estrada específica. Filipe obedeceu e, no caminho, encontrou um eunuco etíope sentado em uma carruagem à beira da estrada. Ele estava lendo o livro do profeta Isaías e queria entender seu significado. Filipe sentou-se ao lado dele, abriu as Escrituras para ele e anunciou-lhe as boas-novas de Jesus (Atos 8:35). A certa altura, eles chegaram a um lugar onde havia água, e o etíope perguntou o que o impedia de ser batizado. Filipe levou-o até a água e batizou-o. Quando eles saíram da água, o Espírito arrebatou Filipe, e o etíope seguiu seu caminho cheio de alegria! Deus havia revelado a verdade a ele e o acolhido na família de Deus. Aleluia! Que bela descrição!

Vamos voltar ao batismo de Jesus. Você vai notar que aconteceu um fato inusitado. Depois daquele momento ordenado pelo céu, em vez de comemorar e alegrar-se, o Deus Espírito enviou o Deus Filho a um lugar isolado... ao deserto.

03 **Por que você acha que Deus escolheu a ocasião do batismo de Jesus pouco antes de enviá-lo ao deserto?**

A tentação de Jesus

Jesus foi tentado no deserto.

HANNAH SCHINDLER

LEITURA DE HOJE: LUCAS 4

Jesus, cheio do Espírito Santo, voltou do Jordão e foi levado pelo Espírito ao deserto, onde foi tentado pelo Diabo durante quarenta dias. Não comeu nada durante esses dias e, ao fim deles, teve fome.

LUCAS 4:1-2

Você se lembra da última pergunta de ontem? Por que Deus escolheu a ocasião do batismo de Jesus pouco antes de enviá-lo ao deserto? Porque Deus sabia o que estava por vir para Jesus. Leia as palavras do início de Lucas 4. Jesus estava *"cheio do Espírito"* (v. 1). O batismo equipou, preencheu, armou e preparou Jesus para os 40 dias de tentação que ele teria pela frente. Há um ponto interessante que talvez você tenha notado: o número 40 mencionado no versículo. O número tem um significado importante em toda a Escritura.

01 **Onde mais encontramos o número 40? Leia Gênesis 7:12 (Noé e a arca). Leia Números 32:13 (os israelitas no deserto). Leia Atos 1:3 (a aparição de Jesus após sua ressurreição).**

Jesus jejuou durante 40 dias no deserto. Pelo fato de Jesus ter dado o exemplo de jejuar, vamos separar um momento para aprender sobre o jejum. O jejum bíblico exigia abster-se de comida e, às vezes, de água. O propósito do jejum é nos abster do alimento físico e focar em nos abastecer do alimento espiritual. Como nos "abastecemos"? Ao passar um tempo com Jesus, aquele que é o Pão da Vida e a Água Viva. Como assim? Isso é possível pela leitura da Bíblia, oração e adoração a Deus com cânticos, só para citar alguns exemplos.

Fica claro na resposta de Jesus a Satanás que Jesus tinha as palavras de seu Pai escondidas no coração. Jesus rebateu cada tentação com a Escritura e usou-a como arma contra Satanás. Jesus não se envolveu em discussão com Satanás. Simplesmente citou a Palavra de Deus.

02 **Vamos até Efésios 6 para aprender mais sobre essa arma. Leia especificamente os versículos 10-18. No versículo 17, como Paulo chama a Palavra de Deus? Escreva abaixo as outras partes da armadura.**

Agora vamos fazer uma pausa e focar em uma verdade muito importante. Embora o Inimigo seja enganador, manipulador, ladrão e acusador, ele não é supremo. Ele não se iguala a Deus. Deus é o Criador: Satanás é um ser criado. Nenhum ser criado é maior que seu Criador. Jesus sabia disso e declarou confiantemente a Palavra para colocar o Inimigo em seu devido lugar.

03 **Da mesma forma que Jesus estava cheio do Espírito Santo (Lucas 4:1), nós também estamos (João 14:16; Efésios 1:13). Que impacto essas verdades e esse evento causarão em você na próxima vez que desconfiar que Satanás está tentando enganar e manipular você?**

04 **Onde mais vemos o Inimigo distorcer as palavras de Deus? Leia Gênesis 3.**

Embora as tentações de Satanás no deserto fossem específicas a Jesus, os anseios por trás dessas tentações se aplicam a nós também.

O Diabo usou as mesmas táticas contra o Segundo Adão (Jesus) que usou contra Adão e Eva no jardim do Éden.

Satanás apresentou uma pedra para que Jesus a transformasse em pão, tentando atraí-lo para a satisfação física (o desejo da carne). Em nossa vida, isso pode soar desta maneira: "Deus não vai me dar o que preciso, portanto tenho de tomar as rédeas desta situação e manter o controle."

Satanás levou Jesus à parte mais alta do templo para ver todos os reinos, atraindo-o para o desejo de ganhar poder (o desejo dos olhos). Podemos pensar assim: "Não estou satisfeita com o que tenho, e Deus não vai me dar o que desejo, portanto, vou me virar sozinha."

Satanás tentou Jesus para que ele desse ordens aos anjos para salvá-lo, atraindo-o para o orgulho e o desejo de parecer importante (a arrogância da vida). Afinal, ele era o Filho de Deus. A arrogância diz: "Deus não está me dando o que mereço, portanto, vou conseguir sozinha."

Nossos anseios não mudaram

Escritura	Quem é tentado	Satisfação física	Domínios mentais	Significado emocional
Gênesis 3:6	Eva	"Quando a mulher viu que a árvore era boa para **alimento** [...]"	"[...] atraente aos olhos [...]"	"[...] e desejável para dela se obter sabedoria [...]"
Lucas 4:3-10	Jesus	"[...] ordena a esta pedra que se transforme em **pão** [...]"	"[...] o Diabo o levou a um lugar alto e **mostrou-lhe** em um relance todos os reinos do mundo [...]"	"[...] Ele dará ordem aos anjos dele **a seu respeito**, para o guardarem [...]"
1João 2:16	Todos nós	"Pois tudo o que há no mundo — o desejo da **carne** [...]"	"[...] o desejo dos olhos [...]"	"[...] e a arrogância da **vida** — não provém do Pai, mas do mundo."

A reação de Jesus às tentações de Satanás dá-nos ferramentas para lutar hoje quando os sentimentos de medo, isolamento e rejeição nos sufocam. Não lutamos sozinhas, mas com o poder do Espírito Santo e da Palavra de Deus, sabendo que Jesus esteve antes de nós nessa luta.

05 **Há algumas passagens das Escrituras que você diz em voz alta ou recorre a elas em tempos de aflição? Se sim, mencione uma ou duas aqui. Se não, considere a ideia de ler e copiar uma destas: Romanos 8:35-39; 1João 4:4; Isaías 54:17.**

O Sermão do Monte

Jesus pregou um de seus muitos sermões ao lado de um monte. O sermão passou a ser conhecido como "Sermão do Monte".

HANNAH SCHINDLER

LEITURA DE HOJE: MATEUS 7

Quando Jesus acabou de dizer essas coisas, as multidões ficaram maravilhadas com o seu ensino, porque ele as ensinava como quem tem autoridade, não como os mestres da lei.

MATEUS 7:28-29

Pense em uma ocasião em que você assistiu à posse de um presidente ou de um político importante. Muitas pessoas assistem aos discursos de posse ansiosas por ouvir as ideias do novo líder para o futuro e o motivo pelo qual ele escolheu a nobre vocação de liderança.

Em Mateus 5, em vez de ver um líder político, encontramos Jesus declarando sua visão e propósito para seu povo. Em vez de ver âncoras de noticiários prontos para narrar, com as câmeras apontadas para Jesus, encontramos seus principais discípulos e multidões que se reuniram para ouvir.

O teólogo David Guzik compara as palavras que Jesus falou naquele dia no Sermão do Monte com a Declaração de Independência dos Estados Unidos. Da mesma forma que Thomas Jefferson e os pais fundadores declararam o propósito da formação do governo e os direitos garantidos por meio dele para a nova nação, Jesus pronunciou aquelas palavras para dar início ao seu novo Reino e declarou como seria viver como seu seguidor e prestar serviços como membro do reino de Deus. O objetivo de Jesus era mostrar que adorá-lo como o Rei dos reis e Senhor dos senhores resultaria em novas maneiras de acreditar, pensar e agir.

Mateus inicia o capítulo 5 dizendo: *"e [Jesus] começou a ensiná-los"* (v. 2). Jesus ensinou primeiro as bem-aventuranças encontrada em Mateus 5:1-11. Bem-aventurança ou beatitude significa uma condição ou estado de felicidade. Um estudioso disse que a palavra pode ser entendida como dando ao crente atitudes[10] de como ele deve ser.[11] São atitudes que ele deve ser... ou ter. Amo isso! São atributos espirituais que Jesus valoriza em nosso caráter. Nenhum deles surge naturalmente. Podemos apenas vivê-los pelo poder de Jesus que vive em nós por meio do Espírito Santo. Quando andamos nesses atributos, Deus promete bênçãos espirituais abundantes.

01 **Separe um tempo para ler as bem-aventuranças em Mateus 5:1-11. Lembre-se: As bem-aventuranças são as atitudes que devemos "ser". Que atitude você acha que precisa melhorar em sua vida e que providências vai tomar para pôr em prática a atitude que acabou de identificar?**

Em Mateus 5:13-16, Jesus declarou que somos *"sal da terra"* e *"luz do mundo"*.

02 **Para você pessoalmente, o que significa ser luz do mundo? Você já foi a luz de alguém no passado? Como Deus usou isso em sua vida e na da outra pessoa?**

Separe um momento e ore por uma oportunidade de ser luz para alguém hoje! Levar esperança ao desespero de alguém. Levar alegria à tristeza de alguém. Preencher o vazio de alguém. Levar bondade ao mau humor de alguém (sei que isso é difícil). Que o Senhor a abençoe e recompense de maneiras tangíveis enquanto você procura viver de acordo com os propósitos de seu Reino hoje!

A passagem seguinte expressa a autoridade de Jesus: *"Não pensem que vim abolir a Lei ou os Profetas; não vim aboli-los, mas cumpri-los"* (Mateus 5:17). Quando expôs essas mudanças radicais, Jesus falou com autoridade como Filho de Deus, o Filho em quem Deus disse que se agradava. Suas palavras chamaram mais a atenção por *quem* ele era.

03 **Leia Lucas 24:44-45 e Romanos 8:3-4, 10:4. De acordo com essas passagens, como a Lei e os Profetas se relacionam com Jesus?**

No restante dos ensinamentos no Sermão do Monte, Jesus contrastou as características do crente verdadeiro com a hipocrisia dos religiosos, principalmente dos judeus e fariseus, que viviam e respiravam a Lei e as obras e julgavam a todos segundo seus padrões. O propósito e o desejo de Jesus eram que o povo deixasse as leis e as obras em segundo plano e vivesse em amor e graça que produzem obras de justiça — tirar seu povo do egocentrismo e conduzi-lo ao altruísmo. Jesus conhecia as profundezas de nossa depravação porque ele era um de nós, embora fosse perfeito em humanidade e divindade. Jesus sabia que nossa carne anseia por atenção, aprovação e admiração dos outros. Mas ele também sabia que o elogio e a admiração sempre soam vazios e nunca preenchem nossas necessidades e anseios mais profundos. E eles só serão satisfeitos se nos entregarmos inteiramente a Jesus!

A transfiguração

Jesus foi transfigurado, e o Pai disse que ele era seu Filho.

HANNAH SCHINDLER

LEITURA DE HOJE: MARCOS 9

Seis dias depois, Jesus tomou consigo Pedro, Tiago e João e os levou, em particular, a um alto monte, onde ficaram a sós. Ali ele foi transfigurado diante deles.

MARCOS 9:2

Cerca de uma semana depois de predizer sua morte, Jesus convidou três dos seus discípulos para testemunharem um milagre espetacular chamado transfiguração. "Transfigurar" é uma palavra traduzida do grego *metamorphoō,* cujo significado é transformar. Jesus levou os três a um alto monte, afastado de todos, e foi transfigurado diante dos olhos deles. Mateus relata: "[...] *A sua face brilhou como o sol, e as suas roupas se tornaram brancas como a luz*" (17:2). Os discípulos contemplaram a glória de Deus! Você é capaz de imaginar? Lembre-se: Jesus é totalmente Deus e totalmente humano. Naquele momento, Deus permitiu que sua glória brilhasse como um sol radiante por meio de Jesus.

Sinceramente, Mateus 17 me intimida. Penso que teria feito exatamente o que Pedro, Tiago e João fizeram. A Escritura nos conta que eles se prostraram com o rosto em terra e ficaram aterrorizados (v. 6).

E, se aquilo não fosse suficientemente assombroso, Moisés e Elias apareceram perto de Jesus. Eles estavam passando um tempo juntos, conversando a alguns passos de distância de Pedro, Tiago e João. Imagine como deve ter sido aquela cena. Foi um momento poderoso, crucial na Escritura, no qual presenciamos Jesus revelar a plenitude de sua divindade aos discípulos. Além da transfiguração de Jesus, Moisés e Elias apareceram!

Moisés havia vivido cerca de 1.400 anos antes, e Elias, 900 anos, mas estavam ali conversando com Jesus em corpos ressurretos e glorificados. Particularmente, amo saber que Moisés estava ali. Você se lembra quando o vimos pela última vez? Foi no alto do monte Nebo. Deus lhe disse que ele não entraria na Terra Prometida. Isso partiu nosso coração.

Leia Deuteronômio 34:1-5 para refrescar sua memória.

Moisés, o homem que entregou a Lei, não coloca os pés na Terra Prometida. Embora não tenha permitido que Moisés entrasse em Canaã, Deus cumpre sua promessa. A promessa de Deus torna-se realidade. Mas de uma forma extremamente maior do que Moisés poderia ter imaginado. O próprio Jesus traz Moisés.

Elias está ali também. Lembra-se de Elias, o profeta de Deus?

Leia 2Reis 2:1-11 para refrescar sua memória a respeito de Elias.

01 **Depois de ler as passagens de Deuteronômio e 2Reis, qual é o significado da aparição de Moisés e Elias?**

Moisés, aquele que conduziu fielmente os israelitas para fora do Egito, representava a Lei, ao passo que Elias, chamado ao céu sem passar pela morte, representava os Profetas. A soma total da revelação do Antigo Testamento estava diante dos três discípulos. Os dois que melhor representavam a Lei e os Profetas que Jesus afirmou repetidas vezes ter cumprido. A presença dessas duas pessoas glorificadas legitimou o que Jesus estava ensinando.

Mais uma vez, outro milagre acontece, um milagre que nos leva de volta ao batismo de Jesus.

02 **Leia Mateus 17:4-8 e Mateus 3:16-17. O que os envolveu? Quem falou e o que ele disse a respeito de Jesus?**

03 **Quem ficou ali sozinho na parte final de Mateus 17:8?**

Ah, amiga, mesmo depois de todos os eventos milagrosos que presenciaram, os discípulos de Jesus só caíram ao chão quando ouviram a voz de Deus. Somente então eles se prostraram com o rosto em terra. Deus queria garantir que eles soubessem, no fundo da alma, que Jesus era o Messias. Ele era quem dizia ser.

Por que só Jesus ficou ali? Porque ele era suficiente. Moisés (a Lei) e Elias (os Profetas) haviam morrido. Só Jesus permaneceu!

Jesus havia acabado de predizer sua morte. Quando Jesus falou essas palavras em Mateus 16, Pedro replicou: *"Nunca, Senhor! Isso nunca acontecerá contigo!"* (v. 22). Deus usou essa experiência no alto do monte a fim de prepará-los para aquele dia... para a crucificação. Quando sentissem que seu mundo estava desmoronando e que não havia mais esperança, eles poderiam lembrar-se daquele momento. A esperança de Jesus como o Deus vivo. O Messias verdadeiro. A esperança da ressurreição dentre os mortos, conforme comprovado por Moisés e Elias.

Esta é uma verdade incrível para nós: um dia, depois de nossa morte, nós também vamos ressuscitar. Também vamos ficar ao lado de Jesus. Vamos conversar com Jesus. E vamos vê-lo não como um homem sobre o qual lemos na Bíblia, mas vamos vê-lo transfigurado em poder glorioso, em branco deslumbrante. Mal posso esperar por esse dia!

Nesta semana, o Rei dos reis fez sua entrada grandiosa.

Por meio do nascimento de Jesus e do início de seu ministério, o Redentor do mundo veio penetrar nos lugares de nosso coração onde residem nossas mágoas, desejos e necessidades. Desde que entramos neste mundo, temos um anseio inato dentro de nós. Um desejo e uma necessidade de ser vistas, validadas e elogiadas. Graças a Jesus, não temos de nos esforçar para satisfazer essa necessidade com elogios humanos e/ou bens terrenos. Jesus é o nosso pão diário. Ele é a luz do mundo. Ele é o único digno de receber louvor. Ele viveu uma vida que não podemos viver. Redimiu o que estava perdido e quebrado.

As multidões começaram a seguir Jesus nos Evangelhos, e hoje temos a mesma oportunidade de segui-lo. Porque, como aprendemos esta semana:

Os pobres de espírito receberão o reino dos céus.
Os que choram serão consolados.
Os humildes receberão a terra como herança.
Os que têm fome e sede de justiça serão satisfeitos.
Os misericordiosos obterão misericórdia.
Os puros de coração verão a Deus.
Os pacificadores serão chamados filhos de Deus.

Amiga, podemos nos regozijar e alegrar por saber que todas as mágoas e perseguições que enfrentamos hoje foram enfrentadas pelas gerações que nos precederam. Apocalipse 21:4 nos diz: *"Ele enxugará dos seus olhos toda lágrima. Não haverá mais morte, nem aflição, nem choro, nem dor, pois as coisas antigas já passaram."* Glória seja dada a Deus!

Hoje, encorajo você a encontrar um lugar tranquilo e fazer a Oração do Senhor, registrada em Mateus 6. Quando começar, observe as palavras que Jesus diz antes de ensinar a oração.

"Mas, quando você orar, vá para o seu quarto, feche a porta

e ore ao seu Pai, que está em secreto. Então, o seu Pai, que vê em secreto, o recompensará [...] porque o seu Pai sabe do que vocês precisam, antes mesmo de lhe pedirem. Vocês devem orar assim:

'Pai nosso, que estás nos céus! Santificado seja o teu nome. Venha o teu reino; seja feita a tua vontade na terra como no céu. Dá-nos hoje o pão nosso de cada dia. Perdoa as nossas ofensas, como também temos perdoado aqueles que nos ofendem. E não nos deixes cair em tentação, mas livra-nos do Maligno [...]'

Pois, se perdoarem as transgressões uns dos outros, o Pai celestial também perdoará vocês. Mas, se não perdoarem uns aos outros, o Pai celestial não perdoará as transgressões de vocês." Amém.

anseio por cumprimento de promessas

6ª semana

JOEL MUDDAMALLE

As promessas são complicadas — principalmente porque fazemos promessas com toda a intenção de persistir e cumpri-las.

Meus filhos são "policiais da promessa". Eles têm um dom muito especial de se lembrar de cada promessa que lhes fiz e depois me chamam a atenção por não ter cumprido determinada promessa — principalmente quando se trata de sobremesa.

Certa manhã, prometi às crianças que elas teriam o biscoito preferido delas naquela noite. Após o jantar, percebi que não havia nenhum biscoito na casa. Nem migalhas. Eu sabia que teria de enfrentar uma revolta que começaria com meus filhos me lembrando: "Mas, papai, você prometeu!" Por que meus filhos ficaram tão arrasados por não haver biscoitos em casa? Porque minha promessa a eles é acompanhada de autoridade, confiança, expectativa e vulnerabilidade. Meus filhos me veem como pai, e esse nome, essa função, traz consigo uma autoridade especial que proporciona segurança. Essa segurança estabelece confiança. A promessa também estabelece uma expectativa para o que se espera. Eles confiam que minha promessa será cumprida, e essa confiança deixa meus filhos em uma posição vulnerável: anseiam e aguardam por uma promessa a ser cumprida com base em confiança e compromisso. Assim como meus filhos, muitas vezes nos encontramos em posição semelhante quando recebemos uma promessa, mas vivemos no *ainda não* de seu cumprimento.

Ao iniciarmos a sexta semana de nosso estudo, nos deparamos com muitas promessas do Deus Pai para seus filhos:

1. **Deus prometeu restaurar e redimir a humanidade após a Queda (Gênesis 3:15).**

2. **Deus prometeu abençoar Abraão, fazer dele um grande povo e abençoar as nações por meio dele (Gênesis 12:2, 15:5-6, 17:4-6);**

3. **Deus prometeu dar uma terra e uma herança a seus filhos (Êxodo 3:17).**

4. **Deus prometeu resgate, redenção e restauração aos israelitas quando eles ainda estavam no exílio (Jeremias 30:3,8; 31:1; Zacarias 10:8; Isaías 62:12).**

Depois de muito esperar e viver no silêncio de promessas não cumpridas, o cumprimento chegou: seu nome, Jesus. Uma das lições mais importantes que aprendemos sobre Deus e seus caminhos é que Deus é muito mais alto e muito maior que nós, e seus caminhos não são os nossos caminhos. Ele escolheu cumprir a promessa da maneira mais inesperada, contudo, gloriosa. Nunca houve um plano B, somente um plano A, e cada segundo a partir da queda da humanidade indicava a chegada do Deus Filho. No entanto, Deus não é motivado pelo que pensamos ser melhor, mas pelo que ele sabe que é melhor. Os israelitas esperavam um rei vencedor que os resgataria das mãos de seus inimigos romanos. Receberam o Servo Sofredor e o Príncipe da Paz que entrou em Jerusalém montado em um jumentinho, o qual é um símbolo de paz (Mateus 21:1-11; Marcos 11:1-11; Lucas 19:28-44: João 12:12-19). Jesus de fato venceria, mas venceria o pecado e a morte, os maiores inimigos da humanidade, e desarmaria os poderes do mal.

O povo ansiava pelo cumprimento da promessa feita a seu pai Abraão — ser uma grande nação. Contudo, em Babel (Gênesis 11:1-9), a humanidade foi genuinamente dividida pela primeira vez. A divisão foi manifestada por meio de diferentes línguas, que entendemos como julgamento de Deus pela perversidade do homem. Felizmente, a desunião de Babel em Gênesis 11 é revertida em Atos 2, quando Deus envia seu Espírito para habitar em todas as pessoas que se submetessem a Jesus e colocassem sua fé, esperança e confiança nele.

A habitação do Espírito de Deus começou no Pentecoste (Atos 2), quando o Espírito deu um entendimento de línguas apesar das diferenças que existiam.[12] Por fim, a família multiétnica prometida a Abraão se cumpriu. Em cada um desses exemplos, vemos a beleza e a bondade de Deus, que é fiel às suas promessas porque ele é o nosso Pai bondoso, digno de nossa confiança e vulnerabilidade. Ele é fiel mesmo quando somos infiéis (2Timóteo 2:13).

Jesus entrou em Jerusalém como um rei, montado em um jumentinho, fato conhecido como entrada triunfal.

JOÃO 12:12-19
MATEUS 21:1-11
MARCOS 11:1-11
LUCAS 19:28-44

Jesus fez uma figueira secar e purificou o templo de novo.

MATEUS 21:12-22
MARCOS 11:12-26

Jesus condenou publicamente os mestres da Lei judaica.
MATEUS 23
LUCAS 11:37-54

Jesus predisse a queda de Jerusalém e a sua segunda vinda.
MATEUS 24—25
MARCOS 13
LUCAS 21:5-36

Jesus predisse sua crucificação, a mais cruel das punições.

MATEUS 26:1-5

Judas ficou aborrecido com Jesus por ter permitido que Maria "desperdiçasse" o perfume nele.
JOÃO 12:1-8

Jesus instituiu a
ceia do Senhor.
MATEUS 26:26-29
1CORÍNTIOS 11:23-26

Jesus lavou os pés de *todos* os seus discípulos, até os de Judas.

JOÃO 13:1-21

Jesus foi interrogado por Caifás, o sumo sacerdote.
JOÃO 18:12-14,19-23

Jesus comeu sua última ceia e foi traído por Judas.

JOÃO 13
MATEUS 26
MARCOS 14
LUCAS 22

Jesus orou por livramento da situação e para que a vontade de Deus fosse feita, e foi preso no jardim de Getsêmani.
MARCOS 14:26,32-46

Jesus foi julgado pelo Sinédrio.

MATEUS 26:57

Pedro negou três vezes que conhecia o seu Senhor, conforme Jesus dissera.
MARCOS 14:54,66-72

Jesus compareceu perante Pôncio Pilatos e foi considerado inocente.
JOÃO 18:28-38

Jesus compareceu mais uma vez perante Pôncio Pilatos, que por fim ordenou, por medo de tumulto da parte da multidão, que Jesus fosse morto.
MATEUS 27:15-26

Judas cometeu suicídio.
MATEUS 27:3-10

Jesus compareceu perante Herodes Antipas e foi considerado inocente.
LUCAS 23:6-12

Jesus foi morto na cruz.
LUCAS 23:32-46
MATEUS 27
MARCOS 15
JOÃO 19

Um grupo de mulheres informou que o sepulcro estava vazio, mas ninguém acreditou nelas.
LUCAS 24:1-12

Jesus foi sepultado no sepulcro de José de Arimateia depois de ter o lado perfurado com uma lança.
MATEUS 27:57-60
JOÃO 19:31-42

Houve três horas de trevas, e ocorreram outros fatos estranhos.
MATEUS 27:45-56
MARCOS 15:33-41
LUCAS 23:44-49

Houve um grande terremoto.
MATEUS 28:1-4

Jesus apareceu a mais de quinhentas pessoas.
1CORÍNTIOS 15:6

Jesus andou e comeu com seus discípulos.
LUCAS 24:15,41-43

Jesus apareceu pela última vez e subiu ao céu.
ATOS 1:6-11

O Espírito Santo veio, conforme prometido, habitar no coração de todos os crentes em Cristo.
ATOS 1:8; 2:1-4

Todos expunham o que precisavam, e muitos foram salvos.
ATOS 2:42-47

O mendigo que não podia andar foi curado por meio de Pedro e João.
ATOS 3:1-10

A entrada triunfal

Jesus entrou como rei em Jerusalém, montado em um jumentinho, fato conhecido como entrada triunfal.

HANNAH SCHINDLER

LEITURA DE HOJE: JOÃO 12

Pegaram ramos de palmeiras e saíram ao seu encontro, gritando:
"Hosana!
"Bendito é o que vem em nome do Senhor!
"Bendito é o Rei de Israel!"

JOÃO 12:13

Antes de mergulhar em João 12, vamos voltar a João 11. O contexto é muito importante e, sem o capítulo 11, o capítulo 12 pareceria muito diferente.

01 **Em João 11, que milagre Jesus realizou?**

Após esse milagre, encontramos Jesus em um jantar com Lázaro e suas irmãs, Maria e Marta.

02 **O que Maria fez em João 12:3? Qual é o significado dessa atitude?**

De acordo com o costume judaico, os anfitriões lavavam os pés dos convidados assim que chegavam. Nessa história, Maria vai além de lavar os pés de Jesus. Ela foi um exemplo de completa devoção. Pegou um frasco de nardo puro, um perfume caro, derramou-o sobre os pés de Jesus e os enxugou com os seus cabelos (João 12:3).

O código social da época considerou escandalosas as suas ações. Por quê? As mulheres judias não podiam soltar os cabelos em público. Essa ação era geralmente feita a portas fechadas e teria parecido extremamente imprópria, até mesmo sedutora.

Não sabemos por que ela escolheu expressar sua devoção dessa maneira. Mas sabemos que, ao oferecer esse presente... ungir Jesus com seu perfume precioso... ela ofereceu o que tinha de melhor... tudo o que tinha.

Agora que montamos o cenário de João 11, vamos estudar por que Jesus escolheu entrar em Jerusalém montado em um jumentinho.

03 **Leia Zacarias 9:9. O que a passagem diz sobre Jesus?**

Essa é a entrada grandiosa de Jesus na cidade. Sim, Jesus entrou no mundo com um nascimento humilde, mas agora em João 12 presenciamos sua entrada triunfal. Muitas das pessoas presentes eram as mesmas que presenciaram Jesus ressuscitar Lázaro. Elas homenagearam Jesus, gritando: "Hosana!" A tradução do grego significa "Salva-nos!" A multidão viu Jesus como um herói político, um rei que os resgataria da opressão romana. Mas o que eles veriam depois é que Jesus foi muito mais que um líder terreno. Na realidade, nessa entrada Jesus assumiu seu papel de Rei dos reis. Jesus agora reina como Rei em seu reino celestial e continua a promover seu reino na terra todos os dias. Ele é o Príncipe da Paz, o Santo e o Salvador do mundo.

A Última Ceia e a traição

Jesus comeu sua última ceia e foi traído por Judas.

HANNAH SCHINDLER

LEITURA DE HOJE: JOÃO 13

— Não me refiro a todos vocês; conheço os que escolhi. Mas isto acontece para que se cumpra a Escritura: "Aquele que partilhava do meu pão voltou-se contra mim".

JOÃO 13:18

Pouco antes da Festa da Páscoa, Jesus reuniu seus discípulos para fazerem uma última refeição juntos. Seus amigos não sabiam que aquela seria a última ceia com ele.

João 13 relata que Jesus sabia qual era a sua missão. Sabia qual era a sua identidade. Sabia aonde estava indo. Mas, antes de partir, ele tinha de passar por duras provas. Primeiro, Jesus sabia que o Diabo havia instigado Judas a traí-lo. Sabia que seus discípulos debandariam e que Pedro o negaria três vezes. Ele predisse esses eventos (João 13:21,38; Mateus 26:31-34).

Apesar de saber que sofreria essas traições, Jesus realizou o ato mais humilde e precioso durante a ceia. O Rei dos reis e o Senhor dos senhores assumiu o papel de servo. Deu aos discípulos uma lição de humildade quando se afastou da mesa, tirou sua capa, colocou uma toalha ao redor da cintura e lavou os pés dos discípulos. Um gesto e um ato de incrível humildade foi realizado pelo Rei e Messias deles.

Depois de dizer mais algumas palavras, João diz que *"Jesus perturbou-se profundamente e declarou: 'Em verdade lhes digo que um de vocês me trairá'"* (João 13:21).

01 **Leia Salmos 41:9. O que a passagem diz? O que o salmista profetiza aqui?**

Leia João 13:22-30 para saber o que acontece depois que Jesus faz essa predição.

02 **O que você achou da interação entre Pedro e João? Nós somos assim também, não? Queremos estar por dentro da situação. Quem trairia seu líder e mestre?**

03 **Como Jesus respondeu à pergunta de João em João 13:26? O que aconteceu no versículo 27 quanto Jesus deu o pão a Judas?**

Eu gostaria de saber se Jesus pretendia que aquele gesto de servir o pão fosse uma forma de Judas mudar de ideia. Fazê-lo pensar em quem Jesus era, em seus amigos, sua missão e chamado. Esse momento é um belo exemplo de como Jesus ama até os seus inimigos.

No entanto, Judas não mudou de ideia. Ao contrário, encontramos três palavras muito duras de ler: *"Satanás entrou nele"* (João 13:27) — em Judas.

04 **Leia João 13:27-30. O que passa em sua mente quando você lê o pedido de Jesus para que Judas fizesse depressa o que ele estava para fazer?**

Embora seja doloroso ler e pensar no que Judas fez, o modo como os discípulos de Jesus debandaram e o modo como Pedro o negou são também reconfortantes porque Jesus sabia o que estava por vir. Sabia qual era a sua missão.

Deus Pai enviou o Deus Filho à terra com uma missão (Gênesis 3:15). Jesus sabia que seria traído por um de seus discípulos para cumprir o plano ordenado por Deus para Jesus antes do início dos tempos (Zacarias 11:12-13). Ele nasceria de uma virgem (Isaías 7:14). E depois Jesus viveria uma vida sem pecado, curaria os enfermos, exporia a Lei, seria traído e crucificado e ressuscitaria. *Esse* era o seu propósito.

O julgamento e a crucificação de Jesus

Jesus foi morto na cruz.

HANNAH SCHINDLER

LEITURA DE HOJE: LUCAS 23

Jesus bradou em alta voz:
— Pai, nas tuas mãos entrego o meu espírito.
Tendo dito isso, expirou.
LUCAS 23:46

Sabe o que há de muito louco no estudo de hoje? Enquanto lia essa passagem da Escritura, eu chorei. Minhas lágrimas pegaram-me desprevenida porque eu sabia que o terceiro dia estava chegando. Eu conhecia o final glorioso da história. Sabia que a morte de Jesus não era o fim. Ainda assim, chorei.

É difícil ler os acontecimentos desse dia porque Jesus escolheu aquilo que estava prestes a suportar. Escolheu sofrer uma morte dolorosa. Escolheu cercar-se de pessoas que o trairiam e o negariam. E, acima de tudo, escolheu morrer para que pudéssemos viver para sempre, livres do pecado e da morte, na eternidade com ele.

Deus enviou Jesus porque conhecia os anseios que residem em nosso coração e sobre os quais temos falado. Sabia que um desses seria o anseio pelo cumprimento de promessas. A morte de Jesus foi o cumprimento de uma promessa de Deus — a promessa de que nunca deixaria nem abandonaria seu povo, em circunstância alguma. Portanto, embora o Inimigo possa ter se sentido vitorioso naquele dia, Deus sabia que o domingo estava chegando.

Amiga, o fato de sabermos que as amigas de Jesus encontraram o sepulcro vazio no terceiro dia nos consola pelas lágrimas que derramamos hoje. Nosso Deus cumpre suas promessas.

01 **Leia Lucas 23:1-25. Em sua opinião, por que Pilatos enviou Jesus a Herodes e depois Herodes enviou Jesus de volta a Pilatos? Quantas vezes Pilatos tentou soltar Jesus? (v. 22)**

Pilatos, o governador romano durante aquela época, tinha a fama de ser um homem cruel. E, mesmo assim, Pilatos não encontrou nada que incriminasse Jesus. Isso nos diz alguma coisa, não?

Pessoalmente, eu me debato com a história de Pilatos. Talvez você também. Gosto muito de agradar às pessoas. No entanto, quando se trata de minhas convicções ou de minha fé em Jesus, quero acreditar que não cederia à minha natureza de agradar às pessoas.

02 **Leia Mateus 27:24. Se Pilatos acreditava que Jesus era inocente, por que você acha que ele entregou Jesus para ser crucificado?**

Em meio ao que estava acontecendo, conhecemos um homem chamado Barrabás. A história dele encontra-se em Mateus 27:15-26. Quem é esse homem? A Escritura o identifica como rebelde e assassino. Talvez fosse um dos maiores pecadores da época. Um pecador como nós. Um pecador que necessitava de um Salvador.

A história de Barrabás torna essa passagem um pouco mais pessoal, não? Barrabás, um criminoso, liberto da prisão, continuou a viver, ao passo que Jesus, o Filho de Deus, tomou seu lugar e morreu. Você e eu, pecadoras libertas do pecado e da morte, estamos vivas, ao passo que Jesus, o Filho de Deus, tomou nosso lugar, morrendo a morte que merecíamos. Agradeço imensamente a graça de Jesus. Barrabás, um assassino. Você e eu, pecadoras. Jesus, sem nenhum pecado. A graça do Senhor não tem limites para seus filhos.

03 **Leia as palavras finais de Jesus em Mateus 27:46. Você se lembra de ter havido uma ocasião em sua vida na qual esse foi um grito desesperado de seu coração? Romanos 8:28 diz que Deus age em todas as coisas para o bem daqueles que o amam e que são chamados segundo o seu propósito. Até em situações tão difíceis como um homem inocente morrendo em uma cruz. Como você vê Deus agindo nos lugares dolorosos de seu passado ou de seu presente?**

Mateus 27:50 diz que Jesus bradou em alta voz e entregou o espírito. Preste atenção nessas palavras. Ninguém tirou a vida de Jesus. A morte não teve nenhum poder sobre o imaculado Filho de Deus. Não, ele escolheu morrer. Perfeito e sem pecado em todos os sentidos, ele escolheu tomar o nosso lugar, embora não merecêssemos.

Jesus cumpriu as palavras do profeta Isaías escritas milhares de anos antes. Jesus, desprezado e rejeitado pelos homens, tomou sobre si o nosso sofrimento. Foi transpassado por causa das nossas transgressões e esmagado por causa das nossas iniquidades (Isaías 53:3-5). No entanto, por um milagre estonteante, pelas suas feridas fomos curadas.

O sofrimento e a morte de Jesus satisfizeram todos os nossos anseios — principalmente nosso anseio de ser amadas e valorizadas por toda a eternidade. O Deus Pai rasgou o véu que havia separado Jesus de seu povo desde a Queda. O amor sacrificial de Jesus por nós abriu caminho para que tivéssemos um relacionamento com Deus Pai e comunhão com ele a qualquer momento, em qualquer lugar.

misericórdias improváveis

JULGAMENTO/ DIFICULDADES	ONDE ENCONTRAMOS A HISTÓRIA	MISERICÓRDIA/ BÊNÇÃOS/BENEFÍCIOS IMPROVÁVEIS
Adão e Eva expulsos do jardim do Éden e separados de Deus	GÊNESIS 3:8-24	Privados de comer do fruto da árvore da vida e separados perpetuamente de Deus
Hagar no deserto	GÊNESIS 21:8-21	Deus veio, chamou-a pelo nome e prometeu que seu filho seria o pai de muitas nações
Prisão injusta de José	GÊNESIS 39:19-21	O que foi planejado para o mal, Deus transformou em bem e usou-o para beneficiar José, sua família, o Egito e as nações vizinhas
Os israelitas escravizados no Egito	JOSUÉ 5:2-12	Os israelitas cresceram em número
Davi perseguido por Saul e vagando no deserto	1SAMUEL 23:14	Deus protegeu Davi e preparou-o para sua função como rei, fortalecendo-o, ensinando-lhe a ser humilde e a liderar o povo
A cruz	MARCOS 15:12-24 JOÃO 3:16	Salvação e vida eterna

A ressurreição

Jesus andou e comeu com seus discípulos.

HANNAH SCHINDLER

LEITURA DE HOJE: LUCAS 24

Enquanto conversavam e discutiam, o próprio Jesus se aproximou e começou a caminhar com eles.
LUCAS 24:15

Ele não está aqui! Ressuscitou!

LUCAS 24:6a

Ah, amiga, que dia de júbilo e comemoração! O Salvador do mundo não permaneceu no sepulcro. Ele ressuscitou dentre os mortos.

Lucas 24:4 conta que as mulheres que foram ver Jesus ficaram perplexas quando não encontraram nenhum corpo. Embora Jesus tivesse profetizado sua morte, elas não esperavam encontrar um sepulcro vazio.

01 **Você lembra se houve uma ocasião em sua vida na qual Jesus ressuscitou um sonho, um relacionamento ou restaurou algo/alguém que você considerava irrecuperável?**

O Evangelho de Lucas menciona que algumas mulheres retornaram aos onze discípulos para contar a novidade sobre o sepulcro vazio. Os homens não acreditaram nelas. Pedro e João correram até o sepulcro para comprovar o que elas disseram.

02 **Ao ler a história da ressurreição, com quem você se identifica? Com as mulheres que foram cuidar do corpo de Jesus? Com Pedro e João correndo até o sepulcro? Ou com os discípulos que ficaram para trás? Por quê?**

João 20:9 diz: *"Até então não haviam compreendido que, conforme a Escritura, era necessário que Jesus ressuscitasse dentre os mortos."* Mesmo depois de ter andado com Jesus durante todo o seu ministério, de tê-lo ouvido profetizar sua morte e de ter visto o sepulcro vazio, Pedro ainda se admirou com o que aconteceu (Lucas 24:12).

Jesus não se escondeu depois de sua ressurreição. Nós o vemos no caminho de Emaús em Lucas 24, aproximando-se de dois de seus seguidores (Cleopas e outro cujo nome não é mencionado) na caminhada deles de Jerusalém a Emaús. Lucas conta que eles *"foram impedidos de reconhecê-lo"* (v. 16), apesar de caminhar e conversar com ele por vários quilômetros. De fato, sem saber, eles explicaram a Jesus quem Jesus era e quem achavam que ele seria!

Jesus caminhou pacientemente com eles, ouvindo, até chegarem a Emaús. Em Lucas 24:28-34, enquanto compartilhava uma refeição com eles, Jesus abriu-lhes os olhos e revelou sua identidade. Os dois levantaram-se imediatamente, retornaram a Jerusalém e contaram aos discípulos que haviam visto Jesus ressuscitado!

Em Lucas 24:36, enquanto Cleopas e seu amigo contavam o fato que presenciaram, Jesus apareceu entre eles. Ao perceber o medo deles, Jesus disse estas palavras: *"Paz seja com vocês!"* E comeu com eles, assim como havia feito numerosas vezes. Depois, explicou de novo que sua morte e ressurreição cumpriram a Lei (dada por Moisés), os Profetas e os Salmos. Essas três palavras (Lei, Profetas e Salmos) abrangiam o Antigo Testamento inteiro, desde o começo até o fim. Jesus queria garantir que seus seguidores soubessem que ele cumpriu tudo o que estava escrito no Antigo Testamento.

Eu amo as palavras que Jesus disse a seguir. Em Lucas 24:45, está escrito: *"Então,* [Jesus] *abriu-lhes o entendimento para que pudessem compreender as Escrituras."* Deu-lhes entendimento, sabedoria, conhecimento e discernimento.

Isso também se aplica a nós. Temos a Palavra infalível de Deus ao nosso alcance. A morte, ressurreição e ascensão de Jesus ao céu tornaram isso possível. Sua morte rasgou o véu para que pudéssemos apresentar nossas questões diretamente ao Deus Pai. Sua ressurreição possibilitou que ressuscitássemos com Jesus espiritualmente, assentadas com ele à direita de Deus, com ele intercedendo em nosso favor (Efésios 2:6; Colossenses 3:1; Romanos 8:34). E a ascensão de Jesus deu-nos o dom do Deus Espírito Santo para conhecermos e entendermos melhor e com mais profundidade a Deus e sua Palavra (João 16:7).

O envio do Espírito Santo

O Espírito Santo veio, conforme prometido, habitar no coração de todos os crentes e estabelecer união em Cristo.

HANNAH SCHINDLER

LEITURA DE HOJE: ATOS 2

Quando chegou o dia de Pentecoste, estavam todos reunidos em um só lugar. De repente, veio do céu um som, como de um vento muito forte, e encheu toda a casa na qual estavam sentados. Apareceram línguas de fogo, que se separaram e pousaram sobre cada um deles. Todos ficaram cheios do Espírito Santo e começaram a falar em outras línguas, conforme o Espírito permitia que se expressassem.

ATOS 2:1-4

01 **Leia Atos 2:1-4. Descreva com suas palavras o que você leu.**

As últimas palavras de Jesus antes de subir ao céu devem ter soado estranhas aos discípulos: *"Mas receberão poder quando o Espírito Santo descer sobre vocês, e serão minhas testemunhas tanto em Jerusalém como em toda a Judeia e Samaria e até os confins da terra"* (Atos 1:8). Eu gostaria de saber se eles se lembraram de que Jesus lhes havia falado palavras semelhantes. Elas estão no Evangelho de João.

02 **Separe alguns minutos para ler João 14 (concentre-se nos versículos 25-26). O que Jesus disse que aconteceria? Quem enviaria o Espírito Santo? Como Jesus descreve o Espírito Santo?**

Eu amo o nosso Deus porque ele cumpre suas promessas! Ele prometeu enviar o Espírito Santo e, no dia de Pentecoste, honrou sua palavra. Enviou seu dom prometido.

Pentecoste é uma palavra grega que significa "cinquenta". O Pentecoste ocorreu cinquenta dias após a Páscoa — a festa judaica na qual o povo levava a Deus os primeiros frutos da colheita do trigo (Êxodo 34:22-23).

Quando o povo se reuniu em Jerusalém, eles viram e sentiram três eventos estranhos e maravilhosos. Primeiro: *"De repente, veio do céu um som, como de um vento muito forte, e encheu toda a casa na qual estavam sentados"* (Atos 2:2). Segundo: *"Apareceram línguas de fogo, que se separaram e pousaram sobre cada um deles"* (v. 3).

03 **Encontramos o batismo presente com fogo em outro lugar do Novo Testamento. Leia Mateus 3:11. O que o texto diz?**

Por último, o momento mais milagroso de todos: Deus encheu os homens da Galileia com seu Santo Espírito, capacitando-os a falar em outras línguas que nunca aprenderam. Os galileus eram considerados oradores sem instrução, sem cultura e pobres, portanto esse fato foi verdadeiramente assombroso para os que os ouviram.

As pessoas das áreas vizinhas, que falavam línguas diferentes, foram ver o que estava acontecendo e também ficaram atônitas quando ouviram os galileus falando na língua materna delas pelo poder do Espírito Santo.

O Espírito Santo veio e pousou sobre cada homem para uni-los de um modo novo, de uma maneira que nunca tinha acontecido na história do povo de Deus. Uniu-os como se fossem um, por meio do poder do Santo Espírito, para serem membros de um corpo, a igreja, a fim de anunciarem a sua implantação. A intenção de Deus era edificar sua igreja com judeus e gentios, cultos e incultos, sábios e insensatos. Uma igreja multirracial e multicultural.

04 **O que declararam os que estavam falando em línguas? (Atos 2:11)**

Os discípulos agradeceram e louvaram a Deus em línguas desconhecidas. A multidão reunida *ouviu* o que os discípulos declararam a Deus, cada um falando em sua língua materna.

Então, Pedro, o nosso muito amado Pedro, levantou-se diante de todos os que estavam reunidos naquele lugar e proclamou o evangelho com uma intrepidez, uma confiança e uma coragem nunca vistos nele. Ele estava muito longe de ser o Pedro que negou conhecer Cristo.

Pedro confrontou os judeus com a verdade sobre eles e sobre Jesus. Usou a Escritura do Antigo Testamento para ensinar-lhes que a salvação não é concedida pela obediência à Lei, mas somente pela fé. Explicou que Jesus era o Messias que eles estavam aguardando. Confrontou-os com seu pecado de negar, perseguir e matar Jesus. Proclamou a verdade sobre como Jesus cumpriu as palavras do Antigo Testamento, bem como as palavras que o próprio Jesus profetizou: Jesus ressurgiu dentre os mortos e está assentado à direita de Deus. E havia derramado seu Santo Espírito sobre seu povo. Disse que era chegada a hora de eles se arrependerem e serem batizados para o perdão de pecados, a fim de que pudessem também receber o poder do Espírito Santo.

Pedro exortou-os a voltar para Deus e se afastar das coisas que não são de Deus. Disse-lhes que deviam ser batizados no nome de Jesus.

05 **Leia Atos 2:37-41. Que efeito as palavras de Pedro causaram na multidão? O que eles perguntaram? O que Pedro respondeu?**

Por meio das palavras de Pedro e do poder do Espírito Santo, mais de 3 mil pessoas aceitaram Cristo naquele dia! (Atos 2:41)

06 **Leia Atos 2:42-47. O que os novos crentes faziam e como viviam?**

Aqueles crentes tornaram-se UM! Aprenderam a Palavra de Deus juntos. Compartilhavam tudo o que possuíam. Serviam uns aos outros. Partiam o pão juntos. Ajudavam os necessitados. Viviam unidos e tinham tudo em comum. E Deus se manifestava pela realização de milagres e maravilhas no meio deles.

07 **Você vive em comunidade com outros crentes? Como é viver assim? Você vê Deus em ação em seu meio? Se ainda não encontrou uma comunidade, ore pedindo a Deus que lhe abra uma porta para conviver com outros crentes.**

Deus Pai cumpre suas promessas. Deus filho cumpre suas promessas. Deus Espírito Santo cumpre suas promessas. Embora eu nem sempre me lembre desses atributos de Deus, sei, sem sombra de dúvida, que ele está presente e comigo.

Nesta semana, em nosso estudo juntas, vivemos uma montanha-russa de emoções. Vimos Jesus, o Filho do Homem e Salvador do mundo, receber louvor e adoração da multidão enquanto entrava em Jerusalém. Vimos a dolorosa traição, negação e morte que ele sofreu. Contudo, o que parecia um final trágico e definitivo na cruz tornou-se um belo pano de fundo para a volta gloriosa e triunfante de Jesus.

Você se lembra do que Jesus disse aos discípulos antes de subir ao céu? "[...] *era necessário que se cumprisse tudo o que a meu respeito está escrito na lei de Moisés, nos Profetas e nos Salmos*" (Lucas 24:44). Jesus sofreria na cruz, ressuscitaria no terceiro dia e subiria ao céu. Tudo isso tinha um propósito. Jesus sofreu tudo isso para que a salvação pudesse ser proclamada e todos os povos recebessem perdão e uma nova vida.

Depois da ressurreição e ascensão de Jesus, caminhamos com Lucas nos primeiros capítulos de Atos, conhecendo a formação e a expansão da igreja do Novo Testamento. Vimos com espanto quando Jesus derramou seu Espírito sobre seu povo, preparando-o e dando-lhe poder para levar o evangelho até os confins da terra, exatamente como Jesus lhes ordenou no final de Mateus, uma ordem conhecida como a Grande Comissão.

No entanto, a obra do Espírito Santo não terminou em Atos. Deus Pai continua a derramar o Deus Espírito em seu povo hoje. O Espírito do Deus vivo habita nos crentes, dando-lhes poder e equipando-os para levar aquele mesmo evangelho ao mundo — às pessoas e lugares aos quais ele nos guia e direciona.

Jesus, eu te agradeço por teres morrido na cruz por meus pecados.

Eu te agradeço porque derrotaste a morte e ressuscitaste do sepulcro no terceiro dia. Deus Pai, obrigada por teres pagado o preço definitivo ao enviar teu Filho para morrer de maneira tão dolorosa a fim de que eu pudesse ter vida contigo. Hoje, oro por uma força renovada capaz de evidenciar minha fé, como Jesus nos deu o exemplo. Senhor, obrigada por perdoares meus pecados e por enviares teu Santo Espírito para habitar em mim. Obrigada por me dares tua Palavra para eu aprender com ela, gravá-la em meu coração e compartilhá-la com meu próximo. Deus, tu és misericordioso, gracioso e bom demais. Oro para que eu nunca menospreze o fato de ter um relacionamento pessoal contigo. Abençoa meu caminho e enche-me com teu Santo Espírito. Peço tudo isso em nome de Jesus. Amém.

anseio por identidade

7ª semana

JOEL MUDDAMALLE

Uma das primeiras coisas que você reconheceria em mim é que sou indiano. Minha formação cultural e étnica sempre foi um aspecto especial de quem eu sou.

Por exemplo, gosto muito quando alguém se aproxima de mim e diz que ama a comida indiana! No entanto, a maturidade e minha formação étnica me apresentaram algumas perguntas específicas: Quem eu sou? De que modo minhas tradições indianas podem causar impacto em minha vida nos Estados Unidos? Acima de tudo, comecei a questionar minha identidade. Identidade é algo que provavelmente todos questionam, seja qual for nossa formação étnica, social ou cultural. Em algum ponto da vida, ou talvez em muitos pontos, perguntamos: "Quem eu sou?"

Há realmente uma boa notícia para nós! A Palavra de Deus nos dá essa resposta da maneira mais clara e concisa possível. Em Gênesis 1:26-28 está escrito:

Então, Deus disse:
— Façamos os seres humanos à nossa imagem, conforme a nossa semelhança. Dominem eles sobre os peixes do mar, sobre as aves dos céus, sobre os animais de rebanho, sobre toda a terra e sobre todos os animais que rastejam sobre a terra.
Entao, Deus criou o ser humano à sua imagem, à imagem de Deus o criou: homem e mulher os criou.
Deus os abençoou e lhes disse:
— Sejam férteis e multipliquem-se! Encham e subjuguem a terra! Dominem sobre os peixes do mar, sobre as aves dos céus e sobre todos os animais que rastejam sobre a terra.

Quando o teólogo alemão século 20 Dietrich von Hildebrand, viu a farsa e a tragédia das ações assassinas de Hitler contra os descendentes de judeus, ele disse: "Toda a civilização cristã ocidental permanece e cai com as palavras de Gênesis: Deus fez o homem à sua imagem."[13]

Sugiro que eliminemos "civilização cristã ocidental" e digamos apenas "toda a humanidade". Hildebrand viu dentro da Escritura a dignidade de toda a humanidade como pessoas criadas à imagem de Deus.

Gênesis lembra-nos de que nossa identidade está envolta na vontade e sabedoria de Deus, que nos criou iguais em valor e dignidade e, ainda assim, distintos e diferentes. Deus não nos define pelo que fazemos, mas por quem somos. Infelizmente, após a Queda, o anseio por identidade nos fez olhar para dentro de nós em busca de nosso significado, valor e dignidade. Henri Nouwen, cujo trabalho como padre e professor se concentrou em psicologia, justiça social e comunidade, adverte-nos sobre as cinco mentiras da identidade:[14]

1) Eu sou o que tenho.
2) Eu sou o que faço.
3) Eu sou o que os outros dizem ou pensam de mim.
4) Eu não sou nada mais que meu pior momento.
5) Eu não sou nada menos que meu melhor momento.

Quando lemos a Escritura, desconfio que Estêvão, Saulo (que se tornaria Paulo) e Pedro enfrentaram aspectos dessas mentiras sobre a identidade deles.

Estêvão, o primeiro mártir cristão, pode ter sido pego em um momento do tipo "eu sou o que faço", no qual ele sabia que sua fala e seu modo de agir seria um reflexo de suas crenças (Atos 7). Saulo pode ter sido atormentado por pensamentos do tipo "eu não sou nada mais que meu pior momento", uma vez que foi ele quem instigou e iniciou a morte de Estêvão (Atos 7:57—8:1).

Pedro pode ter ficado horrorizado com seu impulso de fazer concessões em razão do que os outros pensavam dele em um momento do tipo "eu sou o que os outros dizem ou pensam de mim" (Lucas 22:54-62).

No entanto, para cada uma dessas mentiras há uma verdade brilhante.

1. Minha identidade é o que tenho em Cristo — salvação e libertação do pecado e da morte.

2. Não tenho de me preocupar em "fazer" porque, na cruz, Cristo fez tudo o que precisava ser feito.

3. Eu sou o que Deus diz que eu sou, e essa é a única coisa que importa.

4. Meu relacionamento com Deus é seguro e firme, mesmo em meio aos meus piores momentos.

5. Eu me alegro com tudo o que Deus faz por mim em meus melhores momentos.

Neste tempo todo, temos falado sobre nossa identidade individual. Mas a vida de Estêvão, a de Paulo e a de Pedro apontam para a realidade interligada de nossa vida pessoal com a vida dos outros. Nossa identidade não diz respeito simplesmente a nós; diz respeito ao nosso relacionamento com Deus, que reescreve nossa história na história dele. Nossa nova história deve ser posta em prática a fim de convidarmos outros para fazerem parte da bela história do Deus que faz novas todas as coisas e transforma o caos em beleza.

Quem somos nós? Somos criaturas feitas à imagem de Deus.

De quem somos? Pertencemos total e inteiramente a Deus Pai.

O que devemos fazer? Devemos proclamar a glória de Deus até os confins da terra, fazendo discípulos de Jesus de todas as nações (Mateus 28:16-20).

Essa é a nossa identidade.

Estêvão foi a primeira pessoa de quem se tem registro que deu sua vida para anunciar as boas-novas de Jesus.
ATOS 7:60

Saulo perseguiu a igreja.
ATOS 8:1-3

Jesus apareceu a Saulo e ordenou-lhe que pregasse as boas-novas de Jesus a todos.
ATOS 9:1-19

Saulo proclamou as boas-novas de Jesus.
ATOS 9:20-22

Depois de ser perseguido, Saulo fugiu de Damasco e foi para Jerusalém.
ATOS 9:23-25

Barnabé levou Paulo aos discípulos.
ATOS 9:26-31

Pedro começou seu ministério.
ATOS 9:32—11:18

O Espírito Santo foi derramado enquanto Pedro pregava.
ATOS 10:45

Pelo poder de Deus, Pedro falou a uma mulher morta chamada Dorcas e ordenou que se levantasse.
ATOS 9:36-43

Pedro foi liberto da prisão por um anjo do Senhor que apareceu em sua cela.
ATOS 12:6-19

Pedro recebeu uma visão para estender a graça de Deus a todos os não judeus (gentios).
ATOS 10:1-43

Herodes caiu morto e foi comido por vermes imediatamente após ter sido elogiado por ter *"voz de um deus, não de homem"* e não negar isso.
ATOS 12:20-25

Pelo poder de Deus, Pedro ordenou a um homem chamado Eneias, acamado havia oito anos, que voltasse a andar.
ATOS 9:32-35

Tiago, irmão de João, foi morto, e Pedro, encarcerado, simplesmente por pertencerem à igreja.
ATOS 12:1-5

Paulo e Barnabé iniciaram uma viagem conhecida como a primeira viagem missionária.
ATOS 13:2-3, 13—14

Saulo passa a ser chamado Paulo.
ATOS 13:9

Paulo pregou à cidade inteira de Antioquia da Pisídia.
ATOS 13:13-52

Paulo e Barnabé falaram na cidade de Icônio na Galácia, e uma grande multidão de judeus e gregos creu.
ATOS 14:1-7

Em Listra, Paulo foi adorado por algumas pessoas como um deus por causa dos milagres que o acompanharam, e ele foi apedrejado pelos judeus de Antioquia e Icônio.
ATOS 14:8-23

Paulo e Barnabé retornaram à sua base em Antioquia da Síria antes do início da próxima viagem.
ATOS 14:24-28

Estêvão é martirizado

Estêvão foi a primeira pessoa de quem se tem registro que deu sua vida para anunciar as boas-novas de Jesus.

WENDY BLIGHT

LEITURA DE HOJE: ATOS 7

Então, caiu de joelhos e bradou:
— Senhor, não os consideres culpados deste pecado.
Tendo dito isso adormeceu.
ATOS 7:60

Antes de mergulharmos no versículo principal de hoje, vamos resumir o que acabara de acontecer. Em Atos 6, os doze apóstolos escolheram um homem chamado Estêvão para ser um dos sete homens encarregados das tarefas práticas e administrativas.

01 **Faça uma lista das palavras usadas para descrever Estêvão e preste muita atenção nelas (Atos 6:3,5,8).**

Lucas narra que cresceu a oposição contra aqueles que professavam publicamente que Jesus era seu Senhor e Salvador. Quando esses homens argumentavam e debatiam com Estêvão, Atos 6:10 diz que eles *"não podiam resistir à sabedoria e ao Espírito com que ele falava."*

Movidos pelo medo, pela raiva e pelo ódio, eles prenderam Estêvão e apresentaram acusações falsas contra ele. Mesmo antes do início do julgamento, a Escritura diz que o rosto de Estêvão *"parecia o rosto de um anjo"* (Atos 6:15). Será que eles viram realmente um rosto "de anjo" como aqueles que vemos em pinturas e desenhos? Acho que não. Creio que o que eles viram foi um transbordamento daquele que habitava em Estêvão. O rosto de Estêvão refletiu paz... confiança... no Deus que ele amava e em quem confiava. A presença de Deus estivera com ele e nele, e crescia em plenitude enquanto ele se preparava para lutar e brigar por Deus e seu povo.

02 **Quem mais experimentou esse tipo de transbordamento do Espírito de Deus? Leia Êxodo 34:29-35. Conte o que essas duas histórias falam a você sobre as realidades do Espírito do Deus vivo habitar em nós e como isso influencia nossa vida diária.**

Estêvão não se defendeu das acusações lançadas contra ele. Ao contrário, no discurso mais longo de Atos, Estêvão acusou seus acusadores. Chamou aqueles judeus do Novo testamento de *"povo rebelde, obstinado de coração e de ouvidos"* (Atos 7:51), iguais aos antepassados deles, os quais repetidamente endureciam o coração, se rebelavam e fechavam os ouvidos à obra de Deus.

As palavras de Estêvão enfureceram seus acusadores a tal ponto que Atos 7:54 diz que *"rangeram os dentes contra ele."*

O que vem a seguir é lindo! Um momento sobrenatural ocorre no meio da perseguição de Estêvão. Lucas descreve esse momento em Atos 7:55: *"Estêvão, porém, cheio do Espírito Santo, levantou os olhos para o céu"* [...], cheio do Espírito em todo o seu ser! Ah, amiga, quando confiamos em Jesus, temos esse mesmo Espírito vivendo em nós. Vamos buscar Jesus de uma forma tão intensa, envolver-nos com ele de um modo tão íntimo que o Espírito de Deus nos encha até o ponto de nos impregnar da cabeça aos pés.

03 **Leia Atos 7:56. O que Estêvão viu?**

Você notou algo inusitado no que Estêvão viu? Geralmente ouvimos falar que Jesus está sentado à direita do Pai. Mas Estêvão viu Jesus *em pé* à direita de Deus. Quero acreditar que Jesus está em pé aplaudindo Estêvão. Honrando-o em seus últimos momentos de vida. Garantindo a Estêvão que ele entende, pois esteve em situação idêntica. Desprezado. Rejeitado. Acusado falsamente. Perseguido injustamente.

04 **Leia Atos 7:57-58. Quem estava perto, assistindo ao apedrejamento de Estêvão?**

Lucas encerra esse capítulo com os últimos momentos da vida de Estêvão. Enquanto o apedrejavam, Estêvão orou: *"Senhor Jesus, recebe o meu espírito."* E, caindo de joelhos, gritou: *"Senhor, não os consideres culpados deste pecado"* (Atos 7:59-60). Essas palavras nos levam de volta a Jesus na cruz, quando ele falou palavras semelhantes de perdão: *"Pai, perdoa-lhes, pois não sabem o que fazem"* (Lucas 23:34).

Sabemos que Deus respondeu à última oração de perdão de Estêvão. Porque Saulo, que estava perto e assistiu ao apedrejamento de Estêvão, logo teve um encontro pessoal e poderoso com Jesus, um encontro que transformou seu coração para sempre. Agostinho concluiu que a conversão de Paulo ocorreu graças às orações de Estêvão.[15]

Amiga, que possamos ser semelhantes a Estêvão. Que possamos ser um instrumento nas mãos de Deus, como ele foi para Paulo, para transformar o coração dos que não creem. Atraí-los para perto da Palavra de Deus, de seu coração e dos propósitos de seu Reino para a vida deles.

05 **Escreva uma oração pedindo ao Espírito de Deus que a encha com a plenitude dele e invada cada parte de seu ser. Convide-o a conceder-lhe experiências sobrenaturais que excedam infinitamente mais do que tudo o que você é capaz de pedir ou imaginar. Peça a ele que lhe abra portas para levar a verdade, a esperança e a cura a este mundo sofredor.**

Ó Senhor, no encerramento deste dia, tu vais nos mostrar tua glória?

Senhor, mostra-nos tua glória!

Saulo

Saulo perseguiu a igreja.

WENDY BLIGHT

LEITURA DE HOJE: ATOS 8

Saulo, por sua vez, devastava a igreja. Indo de casa em casa, arrastava tanto homens como mulheres e lançava-os na prisão.

ATOS 8:3

O apedrejamento de Estêvão incentivou uma perseguição generalizada contra a igreja. Saulo, como líder, *"devastava a igreja"* (Atos 8:3), entrando à força nas casas dos crentes, maltratando-os e arrastando-os para a prisão (Atos 8:3). Podemos apenas imaginar o terror que tomou conta do coração dos crentes quando viram os atos vergonhosos de crueldade de Paulo e foram vítimas deles.

No entanto, em vez de correr e se esconder de seus perseguidores, os perseguidos ficaram mais fortes e mais ousados. Lucas diz que eles foram "dispersos" por toda a Judeia e Samaria, pregando o evangelho por onde quer que fossem (Atos 8:4). A palavra "dispersos" deriva do grego *diaspeiro*, que significa "semear por toda parte, espalhar como uma semente". Ah, como amo essa cena! Os crentes perseguidos, caçados como animais, saíam para semear a verdade, o amor e a esperança.

01 **Em Atos 1:4-8, Jesus diz aos discípulos que eles devem esperar para entrar na Judeia e Samaria até se tornarem testemunhas nesses locais. Leia Atos 8:1-4. Como aqueles crentes estavam pondo em prática esse mandamento e obedecendo a ele? Por que você acha que eles ainda não haviam obedecido até aquele momento?**

Às vezes Deus usa nossas circunstâncias mais difíceis e dolorosas para cumprirmos a missão que ele tem para nós. Às vezes ele nos agita para nos tirar de nossa zona de conforto e fazer sua vontade perfeita. Podemos confiar em que nada do que enfrentamos é desperdiçado nas mãos de nosso Deus todo-poderoso. Não importa se foi um acontecimento imprevisto, infeliz ou trágico. Tudo está na lente através da qual vemos nossa situação. Será que veremos isso com o coração disposto a enxergar além do sofrimento, da dor e da dúvida e a encontrar o bem que Deus promete em Romanos 8:28 a seus filhos... àqueles que o amam e são chamados de acordo com o seu propósito?

Lembre-se: os primeiros crentes não eram professores nem pregadores profissionais. A maioria era composta de pessoas comuns como você e eu. Pessoas que tinham uma história para contar. Uma mensagem para falar daquele que havia salvado e transformado a vida delas. E até hoje Deus usa seus filhos para levar pessoas a Jesus. Alguns são pastores e pregadores. Mas, às vezes, Deus escolhe pessoas como você e eu para compartilhar a esperança que encontramos. Pessoas com quem os ouvintes podem se identificar e se relacionar. Pessoas que põem sua crença em prática da melhor maneira possível. Pessoas que amam os outros, cuidam dos outros e oram pelos outros. Pessoas que investem neles.

02 **Você aceita dar um passo de fé comigo hoje para tocar a vida de outra pessoa? Ore e abra sua Bíblia no final desta lição. Peça a Deus que lhe dê uma "palavra" para um amigo, uma amiga, pessoa da família ou até alguém que você não conhece. Pergunte a Deus: "Para quem é esta mensagem?" Convide-o para conduzi-la até essa pessoa. Pergunte a ele como compartilhar o que você encontrou. Você pode encorajar alguém que normalmente lhe passaria despercebido. Pode levar esperança onde existe desespero. Amor onde existe uma dor, um vazio. Paz onde há extrema ansiedade. Confie em Deus nessa missão, amiga. *El Roi*, o Deus que vê, é fiel.**

Deus também usou a perseguição de Estêvão para levantar seu primeiro evangelista. Seu nome é Filipe. Já lemos a respeito dele e de seu diálogo com o eunuco etíope. Filipe era um dos sete, como Estêvão, escolhidos para ajudar os apóstolos nas tarefas administrativas. Contudo, após a morte de Estêvão, Deus mudou a trajetória da vida de Filipe, que escolheu ir aonde nenhum judeu jamais iria — Samaria — para pregar ao povo de lá.

03 **Leia João 4:9. O que o texto diz a respeito do relacionamento entre os judeus e os samaritanos?**

Os samaritanos eram judeus miscigenados. Os judeus odiavam os gentios, até mesmo os que eram tementes a Deus, porque os gentios haviam abandonado o estilo de vida dos judeus e a circuncisão. Consideravam-nos impuros e recusavam-se a relacionar-se com eles, abrir a casa para eles ou compartilhar refeições com eles.

Essa mistura de raças surgiu depois que os assírios assumiram o controle do Reino do Norte, Israel, em 721 a.C. Alguns judeus ficaram para trás e casaram-se com assírias, dando origem aos samaritanos.

Às vezes as pessoas mais difíceis de amar não estão do outro lado do mundo, mas são aquelas mais próximas de nós, cuja cor da pele, cultura, história e costumes diferem dos nossos. No entanto, Filipe escolheu ir ao encontro dessas pessoas... as pessoas que os judeus repeliam e rejeitavam. Ele investiu seu coração e seu tempo nelas. Compartilhou o evangelho e realizou milagres que conduziram muitas delas a Cristo, expandindo a igreja no âmbito geográfico e cultural.

Sinto um aperto no coração em pensar na rejeição, perseguição e aniquilação que os judeus suportaram durante séculos. Tudo por causa do lugar onde vivem e dos genes que carregam. A Palavra de Deus ordena que amemos a *todas* as pessoas, porque *todos* nós fomos criados à imagem de Deus. Foi isso o que Deus revelou posteriormente a Pedro em um sonho. Nossa identidade não é determinada pelo país onde nascemos, pela cor de nossa pele nem pelo que os outros dizem ou pensam de nós. Encontramos nossa identidade somente em Cristo e no que ele fez por nós na cruz. Nós a encontramos no que Deus diz a nosso respeito... somos amados, perdoados, salvos, redimidos, valorizados, criados com grande intenção e propósito. Sou muito grata pela história de Filipe e quero que ela seja a minha história, a nossa história. Amar e espalhar sementes da verdade, do amor e da esperança a *todas* as pessoas que Deus colocar no nosso caminho.

04 **Quem faz parte de sua esfera de influência? Com quem você pode andar e compartilhar sua história e sua fé? Em que espaço desconfortável você pode entrar para espalhar as sementes da verdade, do amor e da esperança? Escreva o nome dessa pessoa. Ore e pergunte a Deus como você pode levá-la para mais perto de Jesus. E, se não tiver um nome em mente, ore pedindo um. Deus é fiel!**

Filipe continuou a exercer um papel importante na expansão do reino de Deus. Grandes multidões se reuniam para ouvi-lo, e muitas pessoas passaram a crer em Jesus.

A conversão de Saulo

Jesus apareceu a Saulo e ordenou-lhe que pregasse as boas-novas de Jesus a todos.

WENDY BLIGHT

LEITURA DE HOJE: ATOS 9

Ele caiu por terra e ouviu uma voz que lhe dizia:
— Saulo, Saulo, por que você me persegue?
ATOS 9:4

Hoje nos deparamos com Saulo, um homem cujo coração passou por uma das mais profundas transformações em toda a Escritura. O homem que perseguiu e aniquilou impiedosamente os amados filhos e filhas do Senhor tornou-se o maior pregador e defensor de Deus.

A certa altura, Saulo, cheio de ódio e zelo para proteger sua tradição judaica, pediu autorização oficial para perseguir os cristãos que haviam fugido para Damasco após a morte de Estêvão, trazê-los de volta a Jerusalém e aprisioná-los. Se você quiser ler mais sobre o que Paulo tem a dizer pessoalmente sobre seu histórico, leia Filipenses 3:1-10 e Gálatas 1:13-17.

Deus, porém, é Deus! Você não ama essas palavras? Deus interrompeu os planos de Saulo porque tinha planos maiores reservados para ele. No caminho de Damasco, Saulo viu uma luz do céu brilhar ao seu redor, uma luz tão brilhante e poderosa que ele caiu ao chão. Naquele momento, ele ouviu uma voz: *"Saulo, Saulo, por que você me persegue?"* (Atos 9:4) Os homens que estavam com ele pararam emudecidos, sem ouvir nada, mas vendo os efeitos.

01 **Releia Atos 9:4. A quem Saulo perseguia? Em sua opinião, qual foi o impacto dessas palavras sobre Paulo? O Deus a quem ele pensava defender com tanta veemência e rancor era, na verdade, aquele contra quem lutava.**

Saulo perguntou quem estava falando com ele. A Voz respondeu: *"Eu sou Jesus, a quem você persegue"* (Atos 9:5) Jesus instruiu Saulo a levantar-se e dirigir-se à cidade para receber mais instruções.

Ao levantar-se para partir, Saulo percebeu que estava cego. Nos três dias seguintes, ficou sem enxergar e não comeu nem bebeu nada. O Senhor colocou-o em um lugar onde morreria para si mesmo. Ele abandonaria o que o motivava havia anos. Sua tradição. Seu nome. Sua identidade. Sua reputação. Sua inteligência. Nada disso tinha valor em comparação com a glória do seu Deus.

Você é capaz de imaginar as emoções de Saulo durante esse encontro? Aquele que ele alegou estar morto e não ter nenhum poder. Aquele cujos seguidores ele havia aprisionado e perseguido deixou o esplendor do céu para que Saulo o conhecesse.

Que encontro íntimo e glorioso! Saulo conheceu o Cristo vivo naquele dia.

02 **Leia Mateus 23:12. Como esse versículo entra em cena?**

Saulo obedeceu às instruções de Jesus e foi à cidade para encontrar um discípulo e crente em Jesus chamado Ananias. O Senhor foi adiante de Saulo e deu também instruções a Ananias. Avisou-o de que Saulo estava chegando. Deus instruiu Ananias em uma visão para que fosse ao encontro de Saulo e ele voltasse a ver.

03 **Leia Atos 9:10-16. Que instruções específicas o Senhor deu a Ananias? Como Ananias, que era crente, reagiu ao pedido do Senhor? O que Deus disse para acalmá-lo? O que o Senhor disse que aconteceria a Saulo?**

Sabemos que Ananias confiou nas palavras do Senhor porque em Atos 9:17 lemos que ele foi ao encontro de Saulo.

04 **Como Ananias se dirige a Saulo no versículo 17?**

Acho isso muito importante. Ele acreditou de tal forma nas palavras do Senhor que chamou o perseguidor do povo de Deus de "irmão". Ah, como eu gostaria de reagir assim tão rápido no momento em que o Senhor me chamar para reconciliar, pedir perdão, ser bondosa quando tudo em mim diz não porque a pessoa não merece.

05 **Como a reação de Ananias em relação a Saulo pode encorajar e equipar você na próxima vez que enfrentar um desafio como esse?**

Ananias tinha também um coração convertido. A confiança e o amor substituíram a desconfiança e o medo. Ele foi ao encontro de Saulo como irmão, não como inimigo.

Pedro

Pedro começou seu ministério.

WENDY BLIGHT

LEITURA DE HOJE: ATOS 10–11

Se, pois, Deus lhes deu o mesmo dom que deu a nós quando cremos no Senhor Jesus Cristo, quem era eu para pensar que podia me opor a Deus? Quando eles ouviram isto, não apresentaram mais objeções e louvaram a Deus, dizendo: — Então, Deus também concedeu aos gentios arrependimento para a vida!

ATOS 11:17-18

Atos 11 comemora um evento importantíssimo na história da igreja cristã. Deus usou Pedro, um dos doze discípulos amados de Jesus, para mudar para sempre a perspectiva da igreja cristã.

O relato começa em Atos 10, onde conhecemos um homem importante e temente a Deus, pertencente ao exército romano, chamado Cornélio. Um fato essencial para nossa história é que ele era gentio, não nascera judeu.

Deus falou a Cornélio em sonho, dizendo-lhe que enviasse homens a Jope para encontrar Pedro, o apóstolo, e convidá-lo a ir à casa de Cornélio em Cesareia. Cornélio obedeceu e enviou os homens para buscar Pedro.

Nessa mesma hora, Pedro recebeu uma visão de Deus na qual uma voz o instruiu a matar os animais que desceram do céu em cima de um lençol branco. Havia um problema: os animais eram impuros. O Antigo Testamento proibia o povo de Deus de comer animais impuros. Pedro, portanto, recusou-se a comê-los: *"De modo nenhum, Senhor! Jamais comi algo impuro ou imundo!"* (Atos 10:14).

A voz falou pela segunda vez, dizendo palavras a Pedro capazes de abalar a fé e transformar a igreja. *"Não chame impuro ao que Deus purificou"* (Atos 10:14).

01 **Leia Atos 10:9-16. Em sua opinião, por que Deus deu essa visão três vezes a Pedro?**

Cornélio pediu a Pedro para deixar de lado as leis e tradições de longa data. E não foi por isso que Jesus veio? Para cumprir a Lei? Para trazer liberdade? Derrubar barreiras? Para entender melhor, leia Mateus 5:17-18, Atos 13:38-39 e Romanos 8:3-4,10:4.

Pedro aceitou o convite chocante de Cornélio, levando seis irmãos crentes com ele. Ao fazer isso, ele contrariou todas as restrições sociais judaicas da época.

Quando Pedro ouviu a explicação de Cornélio sobre o motivo que o levara a chamá-lo, tudo ficou claro. Pedro entendeu que a mensagem de Jesus sobre a salvação era destinada a todos! A visão dada por Deus deixou clara aquela questão dali em diante. *Todos* os que creem em Jesus e recebem perdão de pecados mediante seu nome serão salvos (Atos 10:34-35).

Enquanto Pedro compartilhava o evangelho, o Espírito Santo desceu sobre os que ouviam a mensagem, da mesma forma que fizera no Pentecoste (Atos 2:4). Pedro falou palavras revolucionárias aos presentes. *"Pode alguém negar a água, impedindo que estes sejam batizados? Eles receberam o Espírito Santo como nós!' Então, ordenou que fossem batizados em nome de Jesus Cristo* [...]*"* (Atos 10:47-48).

02 **Leia Atos 2:1-13 para entender qual deve ter sido o significado da descida do Espírito Santo para Pedro e os que estavam com ele.**

Na volta de Pedro a Jerusalém, os crentes circuncidados o criticaram por ter se associado e compartilhado uma refeição com os gentios. Pedro, preparado para responder às palavras de julgamento proferidas por eles, não se defendeu. Ao contrário, apresentou um argumento convincente aos seus acusadores: um argumento que defendia a Deus, não a si próprio.

Primeiro, Pedro levou os seis homens que o haviam acompanhado para serem testemunhas das palavras que estava prestes a dizer. Segundo, contou a história toda, começando com o sonho de Cornélio e como ele enviou os homens a Pedro. Então, contou sua visão nos detalhes. Falou especificamente como passou a entender que a visão dos animais impuros estava relacionada a pessoas, não a alimentos.

Terceiro, contou como o Espírito Santo desceu sobre Cornélio e sua casa da mesma forma que havia descido sobre todos eles no Pentecoste.

03 **Leia Atos 11:16-17. Que justificativa Pedro apresentou para acreditar, conforme acreditou, e de quem foram as palavras que ele citou? Estes são mais alguns versículos que dão apoio à decisão de Pedro: Gênesis 12:3, 22:18; Efésios 3:1-6.**

04 **Leia Atos 11:18. Como os crentes circuncidados reagiram?**

A obediência fiel e amorosa de Cornélio e Pedro deram início a uma nova era para a igreja. Pela primeira vez, missionários se dedicaram intencionalmente a compartilhar o evangelho com os gentios. O que começou com Filipe em Samaria e com Pedro em Cesareia cresceu e transformou-se em um movimento que deu início à igreja em Antioquia. Foi lá que dois missionários, cujos nomes não sabemos, levaram um grande número de pessoas a Jesus.

Assim como fez com Pedro, Deus precisa muitas vezes mudar nosso pensamento a fim de que sejamos instrumentos melhores de sua mensagem para produzir fé e transformar vidas. Deus é muito mais glorificado quando a igreja reflete o Reino, quando reflete seu mosaico nos âmbitos cultural, racial e social. Os filhos e filhas amados de Deus que nunca caminharam juntos na vida se reúnem para ser a igreja em razão do amor e da graça salvadora de Jesus.

A primeira viagem missionária

Paulo e Barnabé iniciaram uma viagem conhecida como primeira viagem missionária.

WENDY BLIGHT

LEITURA DE HOJE: ATOS 12–14

Enquanto adoravam ao Senhor e jejuavam, o Espírito Santo disse:
— Separem-me Barnabé e Saulo
para a obra a que os tenho chamado.
Assim, depois de jejuar e orar, impuseram-lhes as mãos e os enviaram.

ATOS 13:2-3

A leitura de hoje nos leva a uma época agitada e empolgante da igreja primitiva. A obra missionária que começou com Filipe e Pedro cresceu de tal forma que se transformou na intencional obra missionária de oração realizada pelas pessoas que haviam sido chamadas e se comprometeram a pôr em prática as últimas palavras de Jesus: *"Portanto, vão e façam discípulos de todas as nações"* e *"serão minhas testemunhas tanto em Jerusalém como em toda a Judeia e Samaria e até os confins da terra"* (Mateus 28:19; Atos 1:8).

A igreja em Antioquia, a primeira igreja local verdadeiramente multiétnica, tornou-se uma ferramenta poderosa nessa era missionária, preparando e enviando missionários que fizeram multidões de discípulos. Por que essa igreja? Porque seus líderes costumavam dirigir o povo no estudo da Palavra de Deus. Também jejuavam, oravam e buscavam ouvir a voz de Deus com fidelidade.

Atos 13 inicia com o Espírito Santo falando aos que jejuavam e oravam e instruindo-os: *"Separem-me Barnabé e Saulo* [que pela primeira vez neste capítulo será também chamado Paulo, seu nome romano] *para a obra a que os tenho chamado"* (Atos 13:2). Os líderes obedeceram, impuseram as mãos em Barnabé e Paulo e os enviaram.

01 **Leia Atos 9:15-16, onde Deus identifica o chamado de Paulo. Leia Efésios 2:10, palavras escritas posteriormente pelo apóstolo. Qual é a relação desses versículos com o que estava acontecendo com ele naquela época? Que mensagem eles transmitem a você na fase atual de sua vida?**

Aqueles dois homens, às vezes acompanhados de outro chamado João Marcos (que mais tarde escreveu o Evangelho de Marcos), trabalharam como uma dupla dinâmica enquanto viajavam de cidade em cidade proclamando a salvação com coragem e clareza. No caminho, tiveram muito sucesso, mas enfrentaram grande perseguição também. Contudo, apesar de tudo o que encontraram, nunca desistiram.

A terceira parada os levou a Pafos, uma cidade espiritualmente sombria, famosa por adorar Vênus, a deusa do amor sexual. Surpreendentemente, o procônsul, ou governador da ilha, descrito como "homem culto", quis ouvir o que eles falavam. No meio da pregação, um mágico e falso profeta judeu, com a intenção desviar da fé o procônsul, interrompeu-os, atrapalhando a pregação. Vamos ler a seguir o que aconteceu:

Então, Saulo, também chamado Paulo, cheio do Espírito Santo, olhou firmemente para Elimas e disse:
— Filho do Diabo e inimigo de tudo o que é justo! Você está cheio de toda espécie de engano e maldade. Quando vai parar de perverter os retos caminhos do Senhor? Saiba agora que a mão do Senhor está contra você, e você ficará cego e incapaz de ver a luz do sol durante algum tempo.
Imediatamente, caíram sobre ele névoa e escuridão; tateando, ele procurava quem o guiasse pela mão. O procônsul, vendo o que havia acontecido, creu, profundamente impressionado com o ensino do Senhor (Atos 13:9-12).

02 **O que chamou sua atenção quando Paulo se dirigiu ao falso profeta chamado Barjesus? O que aconteceu fisicamente a Barjesus? O que isso lembra nossa lição do terceiro dia? (Atos 9)**

03 **Como o procônsul reagiu?**

Que história linda de conversão! Penso que o milagre da cegueira não foi capaz de impressionar e surpreender o procônsul tanto quanto o ensinamento de Paulo e sua intrepidez, convicção e coragem para lutar por aquilo em que ele acreditava.

Em cada cidade que visitavam, Barnabé e Saulo ensinavam nas sinagogas. Eles oravam, liam a Torá e pregavam os Profetas. Paulo sempre ensinava que tudo na história de Israel apontava para a vinda de Jesus e para a salvação dos pecadores mediante sua morte e ressurreição. Paulo queria muito que o povo soubesse que Deus tinha um plano para a história antes do início dos tempos e de todos os povos, desde a época de Abraão até a época de Paulo e até a época em que estamos no decorrer desse plano. Que o povo soubesse que Deus é maior que o pecado e a rebeldia do homem e que Jesus ressuscitou triunfante sobre o pecado e a morte.

Todas as vezes que as cidades expulsavam Paulo e Barnabé, eles sacudiam a poeira dos pés e seguiam em frente, cheios de alegria e do Espírito Santo (Mateus 10:14). Grandes multidões, tanto de judeus quanto de gentios, passaram a crer!

No fim da primeira viagem missionárias, eles visitaram novamente as cidades nas quais haviam estado, para fortalecer os que foram salvos e exortá-los a permanecerem firmes na fé. Organizaram novas igrejas e fizeram discípulos ao longo do caminho!

A metodologia de Deus não mudou, amiga. Deus continua sua missão de enviar, buscar, ir atrás e salvar até hoje, desejando que ninguém se perca (2Pedro 3:9). Deus nos convida, seus filhos e filhas amados, a trabalhar com ele nessa missão.

04 **Leia Romanos 10:17. Escreva esse versículo com suas palavras e o que ele significa para você. Como você pode fazer que esse versículo se torne verdadeiro na vida de outra pessoa?**

Amiga, a Palavra de Deus é como uma semente. Somos os instrumentos que Deus usa para espalhar sua semente. Tão logo espalhada, o Senhor cuida para que ela crie raiz, cresça e produza frutos em abundância. Vamos semear algumas sementes hoje!

Que semana incrível tivemos ao ver o crescimento da igreja de Deus, que começou com um pequeno grupo de judeus seguidores de Jesus e se tornou um exército corajoso de evangelistas.

Essa jornada transformadora começou com o sermão de Estêvão, um sermão corajoso, magnífico e cheio do Espírito Santo que provocou sua morte injusta, e esta deu início a uma perseguição generalizada.

No entanto, em vez de encolher-se de medo, os crentes perseguidos ficaram mais fortes e mais ousados. Lucas conta-nos que eles "foram dispersos" por toda a Judeia e Samaria. Esses crentes perseguidos, enquanto eram caçados como animais, saíram para lançar as sementes da verdade, do amor e da esperança.

A luz mais brilhante daquela época apareceu quando Deus transformou Saulo, um grande inimigo e oponente feroz da igreja, em seu servo humilde e disposto a servi-lo. Foi apenas a graça soberana de Deus que capturou o coração de Saulo e o transformou no maior evangelista de Deus!

Deus não parou após a conversão de Saulo. Seu plano era muito, muito maior. Ele usou Pedro para virar as crenças da igreja cristã judaica de cabeça para baixo — a fim de garantir que a igreja soubesse que o evangelho, a boa-nova de Jesus, não se destinava apenas aos judeus, mas que Jesus veio para buscar e salvar todo o povo de Deus, tanto judeus quanto gentios. Paulo pegou a cruz e carregou-a para Jesus por todo o mundo, exatamente como Jesus ordenou.

O livro de Atos criou um esquema para compartilhar o evangelho. Ele apresenta provas sobre Jesus e sobre nossa fé que nos preparam e nos encorajam a anunciar o evangelho com mais confiança e eficiência. Nesses capítulos, sentimos o incrível poder da obra do Espírito Santo por meio do jejum, da oração, do batismo, dos milagres e da fé.

E você quer ouvir outras boas notícias? A presença e o poder do Espírito Santo não mudaram. Ele trabalha em nós, em nosso meio, até hoje.

O chamado a Estêvão, Filipe, Paulo e Pedro é o chamado para nós hoje: orar, olhar ao redor e aproveitar cada oportunidade para falar da esperança que encontramos, seja onde for, seja a quem Deus nos enviar. Sair de nossa rotina e zona de conforto. Vencer nossos medos. Investir nosso coração. Ser o instrumento que vai levar os seres criados por Deus para mais perto de seu coração, de sua Palavra e do poder do Espírito Santo, o poder que transforma e realiza milagres.

Ore e pergunte a Deus aonde ele está pedindo que você vá. Quem ele está chamando para você levar para mais perto de Jesus? Lembre-se: a metodologia de Deus não mudou. Deus continua a missão de enviar, ir atrás, buscar e salvar. Deus nos convida, seus filhos e filhas amados, a trabalhar com ele nessa missão. Você gostaria de trabalhar com ele?

Faça esta oração comigo.

Pai celestial, quero compartilhar minha fé.

Quero compartilhar o que significa viver na certeza de teu amor e no poder de teu Santo Espírito. Ensina-me a fazer isso. Concede-me a confiança de que necessito para dar esse primeiro passo. Tu és a luz do mundo. Que tua luz brilhe intensamente em mim e por intermédio de mim.

Quando me sentir indigna, ansiosa e com medo de dar um passo de fé, lembra-me de quem tu és e de quem eu sou em ti. Lembra-me de que estás comigo e que és suficiente. És forte e corajoso. És minha força e meu escudo.

Conduz-me para onde desejas que eu vá. Mostra-me o que desejas que eu fale. Quando eu estiver com eles, capacita-me com intrepidez. Enche minha boca com tuas palavras. Unge-me com teu poder. Dá-me confiança e certeza semelhantes às de Cristo.

Nunca me deixes esquecer que fui chamada por ti. Salva e redimida, para que possa contar minha história e atrair outras pessoas para tua linda família, Deus.

Declaro corajosamente neste dia que sou filha de Deus! O medo e a intimidação não vão me impedir de compartilhar a boa-nova de Jesus. Maior é aquele que vive em mim do que aquele que está no mundo. Eu te agradeço porque nenhuma arma forjada contra mim prosperará enquanto eu seguir com fé realizando a obra de teu Reino. Eu te agradeço porque, assim como estiveste com Abraão, Isaque, Jacó, José, Ester, Rute, Daniel, Estêvão, Paulo e Jesus, tu estás comigo aonde quer que eu vá.

Sou teu vaso, Senhor, um instrumento em tuas mãos. Usa-me. Capacita-me. Fala por meu intermédio. Pega as sementes que espalho e abençoa-as abundantemente para que produzam fruto para teu Reino, hoje e por toda a eternidade. Peço isso em nome daquele que esmagou a cabeça da serpente, o Alfa e o Ômega, meu Salvador e Redentor, Jesus. Amém.

anseio pela volta de Cristo

8ª semana

JOEL MUDDAMALLE

É difícil acreditar que chegamos juntos à última semana.

Ao longo de nosso estudo, parece claro que ansiamos por aquilo que amamos. Sinto isso pessoalmente com meus filhos. Meu coração se entristece quando saio para trabalhar e meus pequenos correm atrás de mim, pedindo que eu fique em casa. Eu digo: "Meninos, o papai vai voltar logo. Preciso trabalhar." Fecho a porta e sinto os três pares de olhos castanhos cravados nas minhas costas. O anseio começa no momento em que saio, porque eles amam o pai. Não sou sequer capaz de descrever a sensação de quando volto para casa e os meninos correm em minha direção, me abraçam e me beijam, demonstrando todo o seu amor por mim. Por quê? Porque, desde o momento em que peguei o carro e saí, eles sentiram o desejo ardente pela volta do papai, e a minha volta satisfez aquele anseio que os bate-papos nas redes sociais, as fotografias e uma ligação telefônica não puderam preencher. Eles precisavam sentir meu abraço e o calor de minha presença.

Desde Gênesis 3, nós também sentimos falta da presença de nosso Pai. Em cada passo da extraordinária jornada do povo de Deus, eles esperaram e antecipavam uma promessa de Deus. Atravessaram o deserto ansiando por resgate e experimentaram um resgate e restauração parciais, mas nunca experimentaram verdadeiramente o cumprimento da promessa que eles tanto desejavam. Por quê? Porque, enquanto Deus acompanhava o povo com sua presença parcial — a coluna de nuvem e a coluna de fogo, o tabernáculo e o templo —, a sensação não era a mesma que Adão e Eva experimentaram no jardim do Éden, andando e conversando com Deus na plenitude de sua presença.

Hoje podemos até dizer que não passamos pela experiência do exílio ou do deserto, mas, se fizermos uma pausa e pensarmos na jornada de nossa vida, acho que todos nós vamos admitir que houve épocas em nossa vida em que nos sentimos assim:

Perda de um familiar
Mágoa profunda na família ou no casamento
Incerteza a respeito do trabalho
Mágoa ou sofrimento em razão de enfermidade ou ofensa
Palavras grosseiras que nos deixaram profundamente magoados interiormente

Deus nos criou com o anseio de que esses aborrecimentos fossem enfrentados com algo que trouxesse paz e cura. Mas, como estudamos, é comum tentarmos preencher esses anseios com amores menos importantes. A verdade é que há apenas um amor que pode nos sustentar e trazer cura genuína e paz profunda e permanente. Esse amor é o amor de Deus.

Portanto, hoje, em meio ao nosso sofrimento, vamos louvar a Deus por seu amor e pelo dom extraordinário de seu Santo Espírito que habita em seus filhos e proporciona ajuda, consolação, força e coragem para suportar cada problema que enfrentamos. Antes de partir, Jesus disse aos discípulos: "[...] *Não compete a vocês saber os tempos ou as épocas que o Pai estabeleceu pela sua própria autoridade. Mas receberão poder quando o Espírito Santo descer sobre vocês, e serão minhas testemunhas tanto em Jerusalém como em toda a Judeia e Samaria e até os confins da terra*" (Atos 1:7-8).

Logo após ter dito essas palavras, Jesus subiu ao céu, e os anjos disseram aos discípulos algumas das palavras mais cheias de esperança que lemos na Escritura: "*Galileus, por que vocês estão olhando para o céu? Este mesmo Jesus, que dentre vocês foi elevado aos céus, voltará da mesma forma que o viram subir*" (Atos 1:11).

Aprendemos duas verdades importantes nessa passagem:

1. Jesus nos deixou o Espírito Santo como garantia para capacitar seu povo a fazer e cumprir a vontade do Pai: vão e façam discípulos de todas as nações. Em João 14—16, Jesus fala da vinda do Espírito e refere-se a ele como Conselheiro. Essa palavra deriva do grego *Paraclete*, que significa aquele que ajuda consolando, encorajando ou mediando em favor de alguém.[16]
2. De fato, Jesus voltará da mesma maneira que foi embora. Vivemos hoje no "período intermediário" da promessa da volta de Cristo e do cumprimento daquela promessa com uma imagem clara e uma visão de esperança na qual podemos confiar.

Assim, enquanto aguardamos o retorno final de Jesus e o resgate que ele nos dará, vivemos cheios de esperança e coragem, capacitados pelo Espírito!

Você e eu temos a esperança de um futuro no qual desfrutaremos a plenitude da presença do Pai, andando de novo na cidade do jardim do Éden, de mãos dadas com o Deus criador, nosso Pai celestial. Todos os nossos anseios serão satisfeitos plenamente quando entrarmos na cidade e abraçarmos o Pai.

Vamos ler, meditar e ansiar por esta realidade prometida a todos os que depositam sua fé e esperança em Cristo:

Então, vi novos céus e nova terra, pois o primeiro céu e a primeira terra tinham passado, e o mar já não existia. Vi a cidade santa, a nova Jerusalém, que descia dos céus, da parte de Deus, preparada como uma noiva adornada para o seu esposo.
Ouvi uma alta voz que vinha do trono e dizia:
— Eis que o tabernáculo de Deus está com os homens, com os quais ele viverá. Eles serão os seus povos; o próprio Deus estará com eles e será o Deus deles. Ele enxugará dos seus olhos toda lágrima. Não haverá mais morte, nem aflição, nem choro, nem dor, pois as coisas antigas já passaram.
Aquele que estava assentado no trono disse:
— Vejam, eu farei novas todas as coisas!
E acrescentou:
— Escreva isto, pois estas palavras são verdadeiras e dignas de confiança.
Disse-me ainda:
— Está feito. Eu sou o Alfa e o Ômega, o Princípio e o Fim. A quem tiver sede, darei de beber gratuitamente da fonte da água da vida. Aquele que vencer herdará tudo isto, e eu serei o seu Deus, e ele será o meu filho (Apocalipse 21:1-7).

Pedro defendeu os gentios contra os judaizantes no Concílio de Jerusalém.
ATOS 15

Lídia creu no Senhor em Filipos, na Macedônia.
ATOS 16:11-15

Deus começou a inspirar os escritos do Novo Testamento da Bíblia.
GÁLATAS 6:11

Paulo, Silas e Timóteo iniciaram a segunda viagem missionária.
ATOS 15:36
VEJA O CONTEÚDO EM ATOS 15—18

Presos por realizar curas, Paulo e Silas foram milagrosamente libertos e o carcereiro creu em Deus.
ATOS 16:16-40

Em Tessalônica, Paulo e Silas foram perseguidos por dizerem "que existe outro rei, chamado Jesus."

ATOS 17:7

Paulo pregou aos atenienses, e alguns creram, ao passo que outros zombaram.
ATOS 17:22-34

As cartas bíblicas de 1 e 2Tessalonicenses foram escritas.

Em Bereia, a palavra de Deus foi recebida com grande interesse.
ATOS 17:10-15

Paulo discutiu nas sinagogas de Corinto durante muitos dias antes de voltar à sua base em Antioquia da Síria.

ATOS 18:1-21

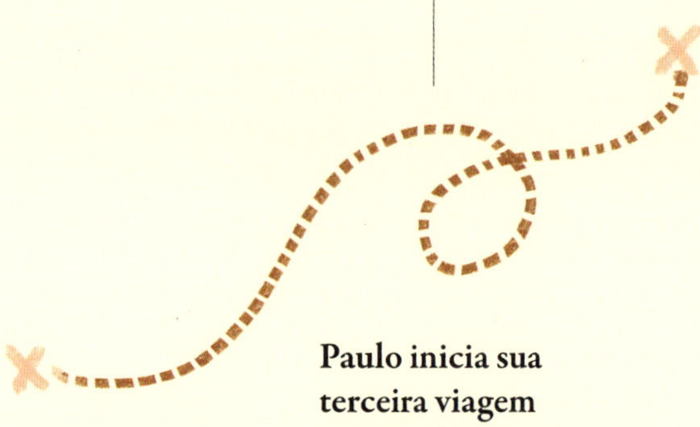

Paulo inicia sua terceira viagem missionária.
ATOS 18:22-23
VEJA O CONTEÚDO EM ATOS 18—20

Paulo conheceu os efésios e fortaleceu as igrejas da Grécia.
ATOS 19—20:12

Paulo voltou para despedir-se carinhosamente dos efésios.

ATOS 20:13-38

Foram escritos os livros de 1Coríntios, Filemom, Filipenses, 2Coríntios e Romanos.

Paulo pregou ao governo romano e ao povo de Roma.

ATOS 28:30-31
VEJA O CONTEÚDO EM
ATOS 25—28

Paulo foi enviado a Roma para fazer um apelo a César, e o navio naufragou na viagem.
ATOS 27:1—28:16

Depois de um tumulto em Jerusalém causado pela presença de Paulo, ele se apresentou perante o Sinédrio (conselho dos principais líderes do povo judeu) e Félix (o governador) para defender-se.
ATOS 21—24

Paulo defendeu o evangelho perante Festo e Agripa.
ATOS 24:1—26:32

Paulo chegou a Roma e pregou lá por, no mínimo, dois anos.
ATOS 28:17-22

Foram escritos os livros de Colossenses, Marcos, Tiago, 1Pedro, Atos, Hebreus, Efésios, Mateus, Lucas, João e as epístolas de João.

Jesus revelou a João que retornará em glória e vitória final.

APOCALIPSE 1:1-2

Jesus dirige-se à sua igreja como Senhor.

APOCALIPSE 1—3

Jesus disse que o Cordeiro de Deus é adorado no céu.

APOCALIPSE 4—5

Usando sete selos, sete trombetas e sete taças, Jesus disse que derramaria ira e reuniria um povo para si.

APOCALIPSE 6—11

No final, o Maligno será julgado.

APOCALIPSE 17—20

Foram escritos os livros de 1 e 2Timóteo, 2Pedro e Judas.

Haverá um novo céu e uma nova terra, e a árvore da vida será restaurada.

APOCALIPSE 21—22

Deus se opõe à antiga serpente, o Diabo.

APOCALIPSE 12—15

O Novo Testamento

Deus inspirou os escritos do Novo Testamento da Bíblia.

ERIC GAGNON

LEITURA DE HOJE: GÁLATAS 6

Vejam com que letras grandes escrevi, de próprio punho, a vocês!
GÁLATAS 6:11

Nas últimas sete semanas, concentramo-nos em 16 dos 66 livros da Bíblia. Eu gostaria muito que tivéssemos estudado cada livro, mas isso é praticamente impossível em 40 dias. Portanto, hoje, vamos fazer uma pausa para comemorar "a carta à igreja da Galácia; esse escrito do Novo Testamento é a primeira das muitas cartas de Paulo."

Vamos pular para o último capítulo dessa carta por um momento. As palavras de encerramento me emocionam: *"Vejam com que letras grandes escrevi, de próprio punho, a vocês!"* (6:11) Ao chamar nossa atenção para sua escrita de próprio punho, Paulo lembra a todos nós que vivemos neste mundo digitalizado que as páginas da Escritura não eram datilografadas nem impressas em máquinas; eram manuscritas.

01 **Você costuma pensar que, no início, a Bíblia era manuscrita ou esse é um lembrete novo? O que você pensa sobre isso?**

Encontramos muitas teorias sobre o motivo de Paulo ter chamado a atenção para o fato de que sua carta à igreja na Galácia for escrita de próprio punho. Na época de Paulo, os autores ditavam textos extensos como esse a um amanuense, aquele que escreve textos à mão para o autor. Na realidade, sabemos que Paulo usou um amanuense para escrever o livro de Romanos (Romanos 16:22). Portanto, talvez a palavra "grandes" se refira ao tamanho da carta.

Contudo, se considerarmos a palavra grega que Paulo usou para "grandes", provavelmente ele se referia ao tamanho das letras. Alguns supõem que o apóstolo precisava escrever com letras grandes em razão de um problema ocular que pode ter começado no momento de sua conversão e continuou a atormentá-lo (Atos 9:18; 2Coríntios 12:7-10; Gálatas 4:15). Outros dizem que Paulo pode ter ampliado as letras por motivo de ênfase, muito semelhante às letras maiúsculas que usamos em e-mails ou mensagens de texto.

Seja qual for o caso, a ênfase de Paulo por tê-la escrito pessoalmente conferiu credibilidade à carta e ressaltou a importância de sua mensagem.

02 **O que é comunicado ao destinatário quando alguém dedica um tempo para escrever à mão uma mensagem?**

Além disso, uma vez que acreditamos que a Bíblia é a Palavra de Deus inspirada, o que significa que o Deus Espírito conduziu e orientou cada palavra que os autores escreveram, a carta aos gálatas é uma carta manuscrita por Deus diretamente do coração dele para o nosso.

Também não podemos esquecer que Deus foi o autor das primeiras palavras da Escritura que foram escritas, quando ele escreveu os Dez Mandamentos em tábuas de pedra no alto do monte Sinai (Êxodo 34:1-2; Deuteronômio 10:1-2). E Deus continuou a escrever sua história, com grande cuidado e intenção, por meio de homens como Moisés, os profetas, os discípulos e muitos outros.

Não se esqueça desta verdade poderosa. Deus não apenas usou seu Espírito para inspirar os escritos; o Deus Espírito também repousa nas páginas da Escritura, esperando o momento em que vamos abri-la, para que ele tenha um encontro conosco, nos ensine e fale conosco. Quando abrimos a Palavra de Deus, temos praticamente um encontro com Deus. Sua presença está lá para nos ensinar, lembrar, convencer, encorajar, corrigir e abençoar.

03 **Separe alguns minutos para ler as passagens a seguir. Anote o que aprendeu a respeito de Deus, de Jesus, do Espírito Santo e da Palavra à medida que lê cada uma.**

No princípio era a Palavra, e a Palavra estava com Deus e a Palavra era Deus (João 1:1).

Aquele que é a Palavra tornou-se carne e viveu entre nós. Vimos a sua glória, glória como do Unigênito vindo do Pai, cheio de graça e de verdade (João 1:14).

Toda a Escritura é inspirada por Deus e útil para o ensino, para a repreensão, para a correção e para a instrução na justiça (2Timóteo 3:16).

[...] *e o seu nome é Palavra de Deus* (Apocalipse 19:13).

04 **Seu modo de ver a Escritura mudou durante este estudo? Se sim, descreva como. Se não, reflita por que seu entendimento continuou o mesmo.**

A segunda viagem missionária

Paulo, Silas e Timóteo iniciaram a segunda viagem missionária.

ERIC GAGNON

LEITURA DE HOJE: ATOS 15–18

Algum tempo depois, Paulo disse a Barnabé:
— Voltemos para visitar os irmãos em todas as cidades onde pregamos a palavra do Senhor, para ver como estão indo.
ATOS 15:36

Nosso versículo de hoje marca o início da segunda viagem missionária de Paulo. Paulo e Barnabé voltaram a visitar todas as cidades da primeira viagem missionária e incluíram Macedônia e Acaia (hoje Grécia) durante a segunda viagem, embora não estivessem sempre juntos.

A segunda viagem missionária deles não começou bem em razão de um desentendimento entre Paulo e Barnabé. Na verdade, Paulo recusou-se a ir com Barnabé se João Marcos (primo de Barnabé) os acompanhasse, porque João Marcos, por motivos desconhecidos, abandonou abruptamente Paulo e Barnabé durante a primeira viagem (Atos 13:13). Talvez tenha sido esse o argumento de Paulo contra o primo. Assim, Barnabé levou o primo (Colossenses 4:10) e navegou para Chipre. O tempo parece ter curado o relacionamento entre eles. Posteriormente João Marcos escreveu o Evangelho de Marcos, e Paulo voltou a dizer palavras bondosas sobre ele: "[...] *ele me é útil para o ministério*" (2Timóteo 4:11).

01 **Você já teve um sério desentendimento com outro cristão? Vocês tiveram de seguir caminhos separados? Você seria capaz de manter uma amizade como a de Paulo e Marcos?**

Um dos eventos mais famosos e extraordinários durante a segunda viagem missionária de Paulo foi seu discurso ao povo de Atenas. O ensino de Paulo na cidade recebeu muita atenção, tanto que os atenienses o convidaram para falar em um lugar especial chamado Areópago. Esse local havia sido usado anteriormente como tribunal de justiça, onde os anciãos de Atenas realizavam julgamentos, debates e discutiam assuntos de grande importância para eles.[17]

O que aparentemente destacou Paulo foi o modo pelo qual ele se conectou com sua audiência antes de falar do evangelho. Aparentemente, ele os elogiou por serem religiosos (Atos 17:22). Usou os ídolos e os monumentos dos atenienses aos deuses desconhecidos como ilustração para ressaltar o Deus único e verdadeiro (v. 23). Citou seus poetas, como Arato de Solos, para falar que todos nós somos descendentes de Deus, parte da criação divina, que se iniciou com Adão (v. 28). Paulo falou na tentativa de conquistar o maior número possível de pessoas.

02 **Leia 1Coríntios 9:19. Como esse versículo se relaciona ao modo com que Paulo se conduziu? Como você consegue aplicar essas palavras quando conversa com pessoas de fora da igreja?**

A metodologia de Paulo é um ótimo exemplo para nós, porque ele se relacionou e se conectou com os ouvintes sem alterar a mensagem única do evangelho ou se desviar dela. Paulo entrou corajosamente em Atenas, uma cidade repleta de divindades e alianças religiosas concorrentes, e pregou a Verdade com ousadia.

Paulo recebeu uma reação confusa do povo que ouvia suas palavras, acima de tudo porque a ideia de um único ser supremo que dominava o mundo e criou tudo o que existe era totalmente estranha para eles.[18] Alguns acreditaram em seu ensino, outros o consideraram ridículo e outros mais acreditavam que existia uma divindade no céu, mas que esta também estaria dentro deles. A mensagem de Paulo deve ter ameaçado o modo de vida deles — se de fato significava que eles tinham de deixar de adorar outros deuses.

O ponto que definitivamente dividiu a multidão de maneira irreparável foi o ensino de Paulo de que Deus enviou seu Filho Jesus para "julgar o mundo com justiça" e provou isso "ressuscitando-o dentre os mortos" (Atos 17:31). Muitos ouvintes consideraram tolas as palavras de Paulo. Essa opinião ainda não mudou. Hoje muitos desconsideram o evangelho. No entanto, o evangelho é a mensagem que Deus escolheu para ser o próprio poder de Deus para aqueles que estão sendo salvos (1Coríntios 1:18).

03 **Paulo enfrentou desafios inusitados quando pregou o evangelho em razão da crença de seus ouvintes. Que desafios e sistemas de crença enfrentamos hoje quando tentamos compartilhar as boas-novas de Jesus com os outros? O que Jesus oferece que é melhor do que qualquer outro modo de pensar ou viver?**

A terceira viagem missionária

Paulo inicia sua terceira viagem missionária.

ERIC GAGNON

LEITURA DE HOJE: ATOS 19—21

Ao chegar a Cesareia, subiu até a igreja para saudá-la e depois desceu a Antioquia. Depois de passar algum tempo em Antioquia, Paulo partiu dali e viajou por toda a região da Galácia e da Frígia, fortalecendo todos os discípulos.

ATOS 18:22-23

Vamos lembrar o que estudamos até aqui a respeito das viagens de Paulo:

1. Durante a **primeira viagem missionária**, Paulo viajou por toda a região da Galácia e foi apedrejado pelos judeus em Listra depois que o povo chamou Paulo e Barnabé de deuses.

2. Durante a **segunda viagem missionária**, Paulo visitou novamente as cidades onde havia estado e foi um pouco mais longe, até a Macedônia e Acaia (hoje Grécia), onde falou com os atenienses no Areópago.

3. Durante a **terceira viagem missionária**, nosso estudo de hoje, Paulo visitou novamente algumas cidades, concentrando-se de novo na Ásia Menor (hoje Turquia) e uma de suas maiores cidades, Éfeso, onde passou três anos.

01 **Vamos fazer uma pequena pausa para pensar em quantos quilômetros Paulo viajou, muitas vezes a pé, arriscando a vida, para proclamar as boas-novas ao mundo. Qual a relação disso com as coisas em que o apóstolo dizia acreditar? Como a paixão e o compromisso dele afetam você, e o que você tem a dizer sobre suas viagens e conversas com outras pessoas sobre as boas-novas?**

O livro de Atos registra muitos eventos a partir da terceira viagem missionária de Paulo, que abrange Atos 18—22. Como não podemos estudar todos eles, vamos destacar um evento importante: o tumulto em Éfeso.

Nas viagens anteriores, a maior oposição de Paulo vinha dos judeus. Na terceira viagem, não foram os judeus, mas os gentios que mais se opuseram a ele. A cultura pagã despertou diante da ameaça que ensinos paulinos representavam para a economia. Um ourives chamado Demétrio, que criava e vendia miniaturas do templo da deusa Ártemis, avaliou corretamente o impacto que as palavras de Paulo *"deuses feitos por mãos humanas não são deuses"* (Atos 19:26) poderia ter sobre seus negócios e os de muitos outros artesãos e também sobre a economia.

02 **Hoje a maioria das pessoas não cria réplicas dos deuses da Grécia para adorar, mas quais são algumas coisas que criamos e adoramos mais que a Deus? O fato de seguir Jesus a deixa nervosa sobre perder essas coisas?**

Embora a preocupação de Demétrio fosse válida, ele usou-a para mexer com as emoções do povo, provocando medo: medo de perderem seu ganha-pão. Medo de Ártemis perder relevância e poder. As palavras de Demétrio enfureceram o povo, criando uma revolta coletiva e grande confusão que levou a multidão a arrastar alguns companheiros de Paulo pelas ruas.

Por fim, o escrivão da cidade acalmou a multidão, avisando-os que, se não parassem de se comportar daquela maneira, seriam acusados de perturbar a ordem pública. Em seguida, liberou Paulo e seus companheiros.

03 **Leia Mateus 16:24-26. Descreva com suas palavras como seria hoje o custo associado a seguir Jesus.**

04 **Agora leia Mateus 6:33. Como esse versículo nos encoraja a seguir Jesus a qualquer custo?**

Roma

Paulo pregou ao governo de Roma e ao povo de Roma.

ERIC GAGNON

LEITURA DE HOJE: ATOS 26—28

Por dois anos inteiros, Paulo permaneceu na casa que havia alugado e recebia todos os que iam vê-lo. Pregava o reino de Deus e ensinava a respeito do Senhor Jesus Cristo abertamente, sem impedimento algum.

ATOS 28:30-31

Hoje, cronologicamente falando, lemos as últimas palavras da Bíblia sobre Paulo. Estamos no final do que alguns chamam de quarta viagem missionária de Paulo, uma viagem muito diferente das três primeiras.

Em certo sentido, a intenção de Paulo sempre foi a de ir a Roma (Atos 19:21). Mas por que e como ele chegou lá não foi sua escolha. Ao contrário, a viagem a Roma ocorreu porque os judeus provocaram uma revolta contra ele após seu retorno a Jerusalém. A revolta terminou com a prisão de Paulo e seu comparecimento perante o Sinédrio (conselho dos principais líderes do povo judeu) e Félix (o governador romano) para defender-se por pregar o evangelho (Atos 21—24).

Depois, Paulo defendeu o evangelho perante duas outras autoridades romanas, Festo e Agripa. Na época, Agripa era o rei romano da Judeia (Atos 24:1—26:32). Por fim, recorrendo à sua cidadania romana, Paulo apelou ao imperador de Roma, César, na esperança de ter um julgamento mais justo. Essa série de eventos foi responsável pela ida de Paulo a Roma. Na viagem, o navio em que ele viajava naufragou em razão de uma tempestade (Atos 27:1—28:16). Finalmente, Paulo chegou a Roma e pregou lá por pelo menos dois anos (Atos 28:17-??).

01 **Você e capaz de imaginar o tempo e o esforço despendidos por Paulo apenas para falar da Bíblia às pessoas? Conte alguns riscos que você correu para falar das boas-novas de Jesus. Se ainda não falou, escreva de que maneira poderia fazer isso.**

Lucas deixa-nos em suspense acerca da decisão de Paulo de fazer um apelo no fim de sua vida. O autor deve ter omitido essa informação porque esse era um fato conhecido ou por não querer desagradar ao oficial a quem ele estava escrevendo. Seja qual for o motivo, a vida de Paulo terminou tragicamente. De acordo com antigos teólogos e historiadores, ele foi decapitado em Roma por ordem de Nero.[19]

O que acho fascinante e encorajador é que, embora observemos grande oposição contra a mensagem cristã em todo o livro de Atos, raramente vemos essa oposição ter sucesso. Nenhum líder considerou Paulo merecedor de acusação, e não encontramos nenhum registro autêntico de Paulo ter sido considerado culpado de um crime.[20]

Embora não fosse merecedor de acusação, o evangelho era ofensivo na época e continua a ser até hoje, porque, sem o contexto, ele dá a entender que as pessoas são carentes e fracas, precisam ser salvas do pecado e das consequências e julgamentos eternos do pecado. O evangelho vai além e diz que, enquanto Deus não abrir os olhos do coração de uma pessoa, não a chamar para sair do pecado e das trevas e entrar na luz de seu amor e perdão por meio de Jesus, ela está condenada.

Sim, isso é difícil. Paulo sabia que era difícil. Mas também sabia que compartilhava mais do que uma religião. Ele oferecia uma mensagem poderosa, capaz de transformar vidas, que ele próprio experimentara: vida nova e boas-novas que ofereciam a esperança de perdão, redenção, ressurreição e vida eterna. Paulo passou a última metade de sua vida pregando essas boas-novas e fez isso *às próprias custas*. Perdeu a vida para salvar a vida de outros.

Amigas, carregamos essa mesma mensagem em nosso coração. Temos essa esperança para oferecer. Temos esse mesmo chamado em nossa vida para sair de nosso canto do mundo e compartilhar a esperança que encontramos em Jesus. E, sim, nem sempre será fácil. Precisamos colocar em nosso coração hoje que estamos dispostos a ser criticados, rejeitados, até perseguidos, para compartilhar as boas-novas... o perdão... a esperança... a paz... a alegria... o amor... que encontramos. É a melhor notícia do mundo! E fazemos tudo isso para Jesus.

Paulo não fez o que fez para ganhar o mundo. Não ensinou e pregou para ser agraciado por Deus. Na verdade, Paulo se sacrificou muito.

02 **Quais são algumas coisas terrenas das quais Paulo abriu mão em suas viagens? Leia Filipenses 3:8-9. O que ele pensa das coisas de que abriu mão?**

Alguém pode argumentar que Paulo tentou armazenar tesouro no céu, mas sabemos que seu tesouro era Jesus, porque era ele quem tinha seu coração (Mateus 6:21). Paulo disse que sofria *"para poder ganhar Cristo"* (Filipenses 3:8).

Paulo encoraja-nos a correr de tal modo que ganhemos uma coroa imperecível (1Coríntios 9:25). Nesse versículo ele se refere a correr a corrida da vida; treinar e ter uma vida disciplinada que glorifique e honre a Cristo. Corremos para receber um prêmio, uma coroa. E essa coroa é a *"coroa da vida"* (Tiago 1:12), um prêmio celestial que nunca perecerá... a vida eterna com Cristo.

Nossa fé na morte e ressurreição de Jesus *nos induz* a sofrer, até a morrer, por Jesus se necessário for. Mas podemos sentir grande consolação por saber que temos a promessa da ressurreição e vida eterna com ele no meio, e também do outro lado, do sofrimento (Filipenses 3:11).

Gordon Fee, estudioso da Bíblia, diz: "Nossa vida deve ser cruciforme se ela quiser ter alguma importância; mas esse lembrete é precedido de outro igualmente importante: o poder da ressurreição de Cristo nos capacita a viver como aqueles que foram marcados pela cruz e também garante nossa glória final."[21]

03 **Você já sentiu o poder de Cristo em sua vida? Separe alguns minutos para escrever o que aconteceu. Isso faz parte da elaboração de seu testemunho do nosso Deus bondoso e fiel e lhe dá uma história para contar aos outros.**

A volta de Cristo

Jesus revelou a João que voltará em glória e vitória final.

ERIC GAGNON

LEITURA DE HOJE: APOCALIPSE 1

Revelação de Jesus Cristo, que Deus lhe deu para mostrar aos seus servos o que em breve deve acontecer [...].

APOCALIPSE 1:1

O livro de Apocalipse é fascinante. Está recheado de valiosas imagens retóricas, linguagem profética e promessas incríveis sobre o céu. Pelo fato de João ter escrito Apocalipse, às vezes nos esquecemos de que esse livro é a "revelação de Jesus Cristo" (Apocalipse 1:1). João escreve somente o que Jesus o inspirou a escrever por meio do Espírito Santo. Na verdade — não se esqueça disto —, Apocalipse contém os maiores trechos da Escritura que citam as palavras de Jesus após sua ressurreição! (veja Apocalipse 2—3)

01 **Saber que as palavras em Apocalipse são palavras de Jesus é o motivo para você querer estudá-lo mais? Que perguntas você tem sobre esse livro?**

Estas são algumas conclusões importantes de Apocalipse. O livro contém as palavras proféticas de Jesus (Apocalipse 1:3) *"para mostrar aos seus servos [nós] o que em breve deve acontecer"* (Apocalipse 1:1). Ao longo de suas páginas, Jesus, como Senhor, dirige-se à sua igreja (Apocalipse 1—3). Vemos Jesus adorado no céu (Apocalipse 4—5). Usando sete selos, sete trombetas e sete taças, Jesus diz que vai julgar e também reunir o povo para ele (Apocalipse 6—11). Jesus julga, derrota e domina a antiga serpente, o Diabo, e tudo o que é maligno (Apocalipse 12—20).

Agora vamos resumir o que aprendemos:

Aprendemos em Gênesis 1—2 que Deus criou um paraíso perfeito, encheu-o com criaturas perfeitas, duas em particular — Adão e Eva — feitas à sua imagem, que viviam em harmonia perfeita com ele.

Aprendemos em Gênesis 3 que a humanidade teve um problema com o pecado que começou com Adão e Eva e continuou no decorrer do resto da história de Deus.

Aprendemos também em Gênesis 3 que Deus profetizou um plano de salvação para derrotar o pecado e a morte que o acompanhava. Ele revelou aos poucos esse plano de salvação ao longo da história.

Aprendemos nos quatro Evangelhos que Jesus veio ao mundo, sofreu e morreu pelos nossos pecados e nos redimiu, abrindo um caminho para termos um relacionamento correto com ele mais uma vez.

Em Apocalipse, aprendemos o resto da história. O fim que Deus impôs para o pecado... a esperança de que Jesus curará, de uma vez por todas, todo sofrimento, dor, perda e feridas causados pelo pecado. Jesus vai marcar o início de um novo céu e uma nova terra. Vai recriar, de um modo maior e mais glorioso, o primeiro céu e a primeira terra na qual vivemos agora. Deus nos dá promessas poderosas e cheias de esperança. Não haverá mais dor nem aflição. Não haverá mais lágrimas nem tristeza. Não haverá mais luto nem morte. A perfeição do Éden será restaurada para sempre.

02 **Amiga, você está aguardando esse dia com grande expectativa? Leia Hebreus 9:28. Às vezes somos tentadas a nos apegar a esta vida por causa de sonhos não concretizados ou de objetivos não terminados. De que maneiras você pode cultivar em seu coração um anseio pela volta de Cristo?**

Nesta semana, terminamos nosso estudo da Bíblia em 40 dias.

Que jornada fizemos juntos! Aprendemos que Deus nos criou com ***anseios*** que somente são satisfeitos quando conhecemos e amamos Cristo.

Começamos no Antigo Testamento. Desde a criação de Adão e Eva e sua rebelião até a história de Noé e do Dilúvio, até a torre de Babel e até Deus tirando Abraão de uma terra de idolatria, vemos a graça de Deus oferecida a um povo que tentou encontrar seu propósito longe dele.

Desde os netos de Abraão até a escravidão deles no Egito, até a libertação do cativeiro sob a liderança de Moisés e Deus entregando os Dez Mandamentos, vemos Deus conceder liberdade continuamente a um povo que insistiu em obtê-la de qualquer pessoa, de qualquer coisa, menos de Deus.

Desde a entrada vitoriosa do povo de Deus na Terra Prometida até o povo pedir reis terrenos que careciam da glória de Deus, até a destruição de Jerusalém, até o exílio e até os quatrocentos anos de silêncio, vemos um povo que continuou a desejar segurança, mas a procurou sem a intervenção de Deus.

Depois que Salomão reinou, não demorou muito para que o povo de Deus precisasse de resgate em razão de sua própria tolice. Quando houve a divisão do reino, eles foram finalmente exilados, e começou um período de espera por Deus.

Acompanhamos, então, a história de Deus até o Novo Testamento. Desde a vinda de Jesus à terra como um bebê até seus três anos de ministério poderoso entre seu povo, até sua traição e crucificação, até sua gloriosa ressurreição e ascensão ao céu, até o envio do Espírito Santo para habitar em todos os crentes, vemos o povo de Deus experimentar o cumprimento das promessas e a redenção em Deus, não nas coisas deste mundo.

Desde o início da igreja, em Atos 1, até a perseguição dos crentes por proclamarem a verdade sobre o Cristo ressurreto, até a transformação da vida de Saulo na estrada de Damasco, até as quatro viagens missionárias de Paulo nas quais ele compartilhou o evangelho, vemos o povo de Deus aprender que sua identidade não é encontrada em quem eles são ou no que fazem, mas em Cristo e somente em Cristo.

Desde os muitos escritos do Novo Testamento inspirados pelo Espírito Santo, incluindo as cartas de Paulo, até o livro de Apocalipse, ouvimos a boa-nova de que Jesus está voltando para seu povo! Esse relacionamento profundo e permanente para o qual Deus criou seu povo, esse relacionamento pelo qual eles, e nós, anseiam desde o jardim do Éden... a volta gloriosa e final de Jesus... chegará em breve!

Amiga, oro para que as semanas que passamos juntos estudando a Palavra de Deus a tenham encorajado e inspirado a aprofundar-se em sua jornada de fé com ele. Alegre-se no que ele tem feito e aguarde o que vem a seguir! Observe a atividade dele e junte-se a ele. Permita que sua vida seja um testemunho, agora e por toda a eternidade! Deus a abençoará, a recompensará e a conduzirá à mais incrível de todas as jornadas!

Pai celestial, tu és tão bom!

Oramos para que teu Reino venha à terra assim como ele é no céu. Ajuda-nos a fazer parte dessa missão. Queremos contar essa boa-nova ao mundo, à nossa família, aos nossos amigos e até aos que não são nossos amigos, para que todos venham a conhecer-te e a alegrar-se com isso. Ajuda-nos a pagar nossas contas, a vestir e alimentar nossa família e cuidar dos necessitados. Perdoa as nossas ofensas assim como perdoamos aqueles que nos têm ofendido. Livra-nos do mal nos próximos dias se possível, mas, seja como for, oramos para que a tua vontade seja feita, principalmente se for para te glorificar. Tu tens nos dado grande alegria e paz, Pai. Tu satisfazes todos os nossos anseios. Ajuda-nos a compreender isso melhor e a amar-te cada vez mais a cada dia. Em nome de Jesus. Amém.

anotações sobre seu estudo

anotações sobre seu estudo

anotações sobre seu estudo

anotações sobre seu estudo

1. Aplicativo de estudo diário da Bíblia desenvolvido pelo Ministério Provérbios 31 intitulado *Passe os primeiros cinco minutos do dia com Deus.* (N. T.)

2. Hipona, Agostinho de. The Confessions of St. Augustin. In: *The Confessions and Letters of St. Augustin with a Sketch of His Life and Work*. A Selected Library of the Nicene and Post-Nicene Fathers of the Christian Church, First Series, vol. I. Schaff, Philip (ed.). Pilkington, J. G. (trad.). (Buffalo: Christian Literature Company, 1886), p. 45.

3. Schlier, Heinrich. ΕλεύΦερος, ΕλευΦερόω, ΕλευΦεία, ΑπελεύΦερος, In:Kittell, Gerhard; Bromiley, Geoffrey W.; Friedrich, Gerhard: *Theological Dictionary of the New Testament.* (Grand Rapids: William B. Eerdmans), 1964, p. 496.

4. Disponível em: https://desiringgod.org/interviews/are-gods-providence-and-gods-sovereignty-the-same.

5. Swanson, James. *Dictionary of Biblical Languages with Semantic Domains: Hebrew (Old Testament)* (Oak Harbor, WA: Logos Research Systems, Inc., 1997).

6. Spurgeon, C. H. Assured Security in Christ. In: The Metropolitan Tabernacle Pulpit Sermons, vol. 16 (Londres: Passmore & Alabaster, 1870), p. 10.

7. Calvin, John; Owen, John. *Commentaries on the Catholic Epistles* (Bellingham, WA: Logos Bible Software, 2010), p. 288-289.

8. TerKeurst, Lysa. *Forgiving What You Can't Forget* (Nashville: Thomas Nelson, 2020). Edição em português: *Perdoar o que você não pode esquecer* (São Paulo: nVersos Editora, 2021).

9. Breneman, Mervin. *Ezra, Nehemiah, Esther* (ed. eletrônica, vol. 10, p. 118). (Nashville: Broadman & Holman Publishers, 1993).

10. Em inglês, "be-attitudes" (atitudes de ser). (N. T.)

11. Disponível em: https://enduringword.com/bible-commentary/matthew-5/

12. Peterson, David G. *The Acts of the Apostles: The Pillar New Testament Commentary* (Grand Rapids and Nottingham: William B. Eerdmans, 2009), p. 136.

13. Kilner, John Frederic. *Dignity and Destiny: Humanity in the Image of God* (Grand Rapids: William B. Eerdmans, 2015), p. 20-21.

14. Nouwen, Henri J. M. *Who Are We?: Exploring Our Christian Identity*, ed. resum. (Notre Dame: Ave Maria Press, 2006).

15. Disponível em: https://suscopts.org/resources/liteature/215/part-ii-saul-of-tarsus-and-the-martyrdom-of-st/ste/

16. Louw, Johannes P.; Nida, Eugene Albert. *Greek--English Lexicon of the New Testament: Based on Semantic Domains* (Nova York: United Bible Societies, 1996), p. 141.

17. Martin, Jr., H. M. Areopagus (Place). In: Friedman, D. N (ed.). *The Anchor Yale Bible Dictionary*, vol. 1 (Nova York: Doubleday, 1992), p. 371.

18. Polhill, J. B. *Acts*, vol. 26 (Nashville: Broadman & Holman Publishers, 1992), p. 372.

19. Ibidem, p. 372.

20. Ibidem, p. 414.

21. Fee, G. D. *Philippians*, vol. 11 (Westmont: IVP Academic, 1999), p. 152.